94

A **Coleção Filosofia** se propõe reunir textos de filósofos brasileiros contemporâneos, traduções de textos clássicos e de outros filósofos da atualidade, pondo a serviço do estudioso de Filosofia instrumentos de pesquisa selecionados segundo os padrões científicos reconhecidos da produção filosófica. A Coleção é dirigida pela Faculdade Jesuíta de Filosofia e Teologia (Belo Horizonte, MG).

Faculdade Jesuíta de Filosofia e Teologia (FAJE)
Departamento de Filosofia

Av. Dr. Cristiano Guimarães, 2127
31720-300 Belo Horizonte, MG

Diretor:
João A. Mac Dowell, SJ

Conselho Editorial:
Carlos Roberto Drawin FAJE
Danilo Marcondes Filho PUC-Rio
Fernando Eduardo de Barros Rey Puente UFMG
Franklin Leopoldo e Silva USP
Marcelo Fernandes de Aquino UNISINOS
Paulo Roberto Margutti Pinto FAJE
Marcelo Perine PUC-SP

Thiago Aquino

A DESCOBERTA DO COTIDIANO
Heidegger, Wittgenstein e o problema da linguagem

Dados Internacionais de Catalogação na Publicação (CIP)
(Câmara Brasileira do Livro, SP, Brasil)

Aquino, Thiago
  A descoberta do cotidiano : Heidegger, Wittgenstein e o problema da linguagem / Thiago Aquino. -- São Paulo : Edições Loyola, 2018. -- (Coleção filosofia / coordenação João A. Mac Dowell)

Bibliografia.
ISBN 978-85-15-04547-1

1. Heidegger, Martin, 1889-1976 2. Linguagem e línguas 3. Linguagem e línguas - Filosofia 4. Wittgenstein, Ludwig, 1889-1951 I. Título. II. Série.

18-19895   CDD-401

Índices para catálogo sistemático:
  1. Linguagem e línguas : Filosofia   401

Preparação: Fernanda Guerriero Antunes
Capa: Manu Santos
Diagramação: Adriana Vegas
Revisão: Rita Lopes

Edições Loyola Jesuítas
Rua 1822, 341 – Ipiranga
04216-000 São Paulo, SP
T 55 11 3385 8500/8501 • 2063 4275
editorial@loyola.com.br
vendas@loyola.com.br
www.loyola.com.br

Todos os direitos reservados. Nenhuma parte desta obra pode ser reproduzida ou transmitida por qualquer forma e/ou quaisquer meios (eletrônico ou mecânico, incluindo fotocópia e gravação) ou arquivada em qualquer sistema ou banco de dados sem permissão escrita da Editora.

ISBN 978-85-15-04547-1

© EDIÇÕES LOYOLA, São Paulo, Brasil, 2018

*Aos meus queridos filhos
Bernardo, Benjamim e Nina.*

"*Grau, teurer Freund, ist alle Theorie,*
und grün des Lebens goldner Baum."

"Cinzenta, caro amigo, é toda teoria,
e verde é a árvore dourada da vida."

Goethe, "Fausto", Parte I, versos 2038-2039

Agradecimentos

Este livro é o resultado tardio da pesquisa de pós-doutorado "Limites da Linguagem em Heidegger e Wittgenstein" realizada na Universidade de São Paulo (USP). Agradeço o apoio que recebi da Fapesp por meio da bolsa de estudos concedida, em especial ao Prof. Dr. João Vergílio Gallerani Cuter não apenas pela supervisão da pesquisa, mas principalmente pelo diálogo vivo e pelo bom convívio durante minha estada em São Paulo. Quero agradecer ao amigo Marcos Batista e aos amigos Profs. Drs. Érico Andrade e Tárik Prata pela discussão de alguns aspectos deste texto. Agradeço também aos amigos Profs. Drs. Jesus Vazquez e Sandro Sena pela contínua conversação e debate em torno da fenomenologia, especialmente da obra de Martin Heidegger.

Obrigado, Edições Loyola, pela publicação desta obra.

Sumário

Introdução 13

Capítulo I
A significatividade da vida cotidiana 23
 I.1. O fenômeno do jogo e sua relevância filosófica 24
 I.2. Duas perspectivas divergentes de interrogação 33
 I.3. A descrição da cotidianidade 50
 I.4. Dimensão prática e a significação linguística 62

Capítulo II
A lógica e a origem do sentido 75
 II.1. A pergunta pelo *status* da lógica 78
 II.2. Destituição do primado da proposição enunciativa 84

Capítulo III
Filosofia e cotidianidade 101
 III.1. A tensão entre filosofia e a vida cotidiana 102
 III.2. Transformação existencial como condição do filosofar 121
 III.3. A perspectiva filosófica de interpretação 140

Breve consideração final 167
Referências bibliográficas 169

Introdução

Num artigo programático intitulado "Wittgenstein e Heidegger: a questão sobre o sentido do ser e a suspeita de ausência de sentido contra toda metafísica", publicado em 1973, Karl-Otto Apel tenta estabelecer aproximações entre Wittgenstein e Heidegger. O artigo foi escrito num contexto em que a possibilidade de uma análise comparativa entre esses pensadores ainda despertava estranhamento, o que exigia reflexões preliminares sobre os motivos que poderiam animar, bem como também justificar, tal empreendimento de aproximação. Para Apel, a importância inegável de cada obra e a presença constante dos dois filósofos na discussão contemporânea não encobriam o fato de que sua representatividade era reconhecida em "domínios muitos diferentes da filosofia moderna, reciprocamente fechados hermeticamente"[1]. De fato,

---

1. APEL, K.-O., Wittgenstein und Heidegger: Die Frage nach dem Sinn von Sein und der Sinnlosigkeitsverdacht gegen alle Metaphysik, in: *Transformation der Philosophie I: Sprachanalytik, Semiotik, Hermeneutik*, Frankfurt, Suhrkamp, 1973, p. 225; idem, *Transformação da Filosofia I*, São Paulo, Loyola, 2000, p. 265.

A descoberta do cotidiano

qualquer tentativa de análise comparativa entre as perspectivas filosóficas de Wittgenstein e Heidegger via-se confrontada com a temática mais ampla da relação entre as filosofias continental e analítica. A mediação buscada não dizia respeito apenas a questões metódicas e temáticas, mas também a diferenças culturais entre a Europa continental e os países anglo-saxões. Apel cita a ausência de debates entre os principais representantes dessas tendências como índice da quase intransponível distância entre os mundos filosóficos sustentados por essas tradições, em certa medida já anunciando a necessidade da construção de uma ponte para conectar as duas esferas separadas.

A ausência de intercâmbio pode ser documentada pelas parcas referências encontradas nas obras de Wittgenstein e Heidegger sobre os questionamentos levantados no pensamento do outro. Apesar de raras, é possível que as menções pontuais contenham pistas sobre pontos de contato entre esses pensadores. É necessário ressaltar, entretanto, que são citações feitas em situações de diálogo, o que lhes tira o caráter detalhado próprio das interpretações desenvolvidas com base numa leitura cuidadosa dos textos. Isso não impede, contudo, que se possa tentar absorver desses comentários *indicações primeiras* sobre os temas filosóficos que despertaram a atenção de cada pensador na leitura da obra do outro, conquistando desse modo uma base inicial para a aproximação entre suas perspectivas filosóficas. Além disso, essas referências mútuas, que não estavam acessíveis a Apel, tornam evidente que, por maiores que sejam as diferenças, não há necessariamente um abismo entre tradições obstruindo por princípio o diálogo. De certo modo, a história mais recente da filosofia contemporânea, da década de 1970 para cá, tornou a ausência de tal abismo um fato. Antes mesmo desse esclarecimento obtido pelo percurso recente de debates e interpretações, pode-se observar, pelas referências a seguir, que os dois pensadores conseguiram, cada um com base em sua posição específica, ultrapassar a distância entre as tradições, alcançando a problemática central desenvolvida pelo outro.

Na primeira e mais famosa das referências, Wittgenstein demonstra, numa conversa com membros do Círculo de Viena, não apenas compreender os temas centrais de *Ser e Tempo*, mas também o ímpeto condutor da obra ao comentar: "eu posso pensar bem, o que Heidegger quer dizer com ser e angústia. O homem tem a tendência de se lançar contra os limites da linguagem"[2]. Trata-se de um comentário certamente ambivalente, pois reconhece a correlação entre ser e existência humana ao mesmo tempo que avalia qualquer esforço de tematização explícita como ultrapassagem ilegítima dos limites do sentido. Apesar da restrição, Wittgenstein ressalta que o esforço para ultrapassar os limites da linguagem não é um mero capricho, visto que essa tentativa é motivada essencialmente por inquietações éticas. É evidente que tal interpretação do projeto da analítica existencial está orientada pela determinação crítica dos limites do dizível estabelecida no *Tractatus Logico-Philosophicus*[3].

No *Tractatus* encontramos essa mesma duplicidade de atitude diante dos limites da linguagem que Wittgenstein apresenta na sua leitura de *Ser e Tempo*. De certo modo, a recepção de Heidegger, expressa na conversa citada anteriormente, espelha a estrutura da sua inaugural obra. Como se sabe, a ambivalência do *Tractatus* se deve ao fato de que a determinação crítica dos limites do sentido não apenas restringe *negativamente* a significatividade da linguagem às proposições afiguradoras da ciência natural, mas também resguarda *positivamente* uma esfera do "real" para além da *efetividade* do mundo dos fatos afiguráveis; esfera esta que, embora indizível, é vivenciada em experiências fundamentais. O domínio do que não é tematizável linguisticamente por meio de proposições objetificantes concerne claramente à subjetividade, ou, em termos gerais, diz respeito aos "problemas da vida" (*TLP* 6.52). O sujeito tractatiano não encontra a si mesmo como objeto no mundo (*TLP* 5.631); somente assim pode, no limite do mundo (*TLP* 5.632), experienciar a totalidade desde a perspectiva da vontade.

---

2. WITTGENSTEIN, L., Wittgenstein und der Wiener Kreis, in: *Werkausgabe*, Frankfurt, Suhrkamp, 1984, v. 3, p. 68.
3. Idem, Tractatus Logico-Philosophicus, in: *Werkausgabe*, Frankfurt: Suhrkamp, 1984, v. 1; cf. também: *Tractatus Logico-Philosophicus*, trad. Luiz H. L. dos Santos, São Paulo, Edusp, 1994. O *Tractatus* também será citado por meio da abreviação TLP seguida da indicação do aforismo mencionado.

É por isso que o impulso equivocado para transformar tais experiências em temas de investigação teórica possui raiz ética.

A necessidade de resguardar o caráter inobjetificável do "eu" é um tópico importante desde a crítica kantiana das pretensões metafísicas da razão especulativa exposta nos paralogismos. Essa preocupação de resguardar a "vida" também anima Heidegger na elaboração da hermenêutica da vida fática. Desde a perspectiva da analítica existencial, a dimensão ética insinuada no *Tractatus Logico-Philosophicus* pode ser entendida como o cerne da existência enquanto auto-relação compreensiva. Pode-se perceber, assim, que *a centralidade da vida como pedra de toque das pretensões da filosofia é, sem dúvida, o ponto de encontro essencial entre Heidegger e Wittgenstein*.

Em oposição à interpretação em certa medida positiva de *Ser e Tempo* por Wittgenstein, não encontramos uma recepção semelhante do *Tractatus* na obra de Heidegger. Num seminário ministrado no vilarejo Le Thor em 1969, Heidegger utiliza uma das teses centrais do *Tractatus* como ilustração da perda da experiência grega do ente, que seria característica de nossa contemporaneidade:

> Para nós o ente no seu todo – *ta onta* – é apenas uma palavra vazia. Para nós não há mais aquela experiência do ente no sentido grego. Ao contrário, está dito em Wittgenstein: "efetivo [*wirklich*] é o que é o caso" (o que significa: aquilo que cai sob uma determinação, o que se deixa constatar, o determinável). Verdadeiramente uma frase fantasmagórica[4].

Esse comentário conciso deixa entrever que Heidegger identifica na "ontologia" tractariana uma redução da multiplicidade dos modos de ser do ente a um único modo: a factualidade simplesmente dada de

---

4. HEIDEGGER, M., *Vier Seminare*, Frankfurt, Vittorio Klostermann, 1977, p. 65. É evidente que Heidegger se refere aqui ao primeiro aforismo do *Tractatus*: "O mundo é tudo o que é o caso". A citação imprecisa não implica nenhuma desvirtuação do sentido do aforismo, uma vez que a identidade entre efetividade (*Wirklichkeit*) e mundo pode ser reconstruída com base no aforismo 2.063. Há ainda uma segunda menção a Wittgenstein na obra de Heidegger que será explorada no último capítulo deste livro. Cf. III.3., p. 140. Ver também nota 47, p. 144.

estados-de-coisas. A esse nivelamento irrestrito da totalidade do ente ao conjunto de fatos liga-se a não menos irrestrita redução da linguagem à função de apresentações de situações do mundo. Em outras palavras, o *Tractatus* promove uma concepção unilateral da linguagem e do sentido do ser em geral que indica uma "perda" histórica radical, a da experiência de existir em relação à totalidade reconhecida em sua diversidade, ressaltada por Aristóteles na discussão da polissemia do ser.

Heidegger não demorou a perceber, em parte com base nas críticas carnapianas à tematização do nada desenvolvidas na aula inaugural *O que é Metafísica?*, a existência de uma conexão essencial entre a objetificação do mundo iniciada pela modernidade e as concepções correntes da linguagem[5]. Num apêndice escrito em 1964 para a conferência *Fenomenologia e Teologia* (1927), Heidegger comenta o "risco de que o modo de pensar técnico-científico se estenda para todos os domínios da vida"[6]. Nesse mesmo texto, Heidegger fala sobre a necessidade de uma oposição à concepção da linguagem técnico-científica com base em uma experiência especulativo-hermenêutica da linguagem[7]. É nesse horizonte histórico específico, no qual a principal preocupação é a transformação da linguagem num "instrumento de dominação sobre o ente"[8], que Heidegger situa o primeiro Wittgenstein. Caso não seja experimentada outra relação com a linguagem, com a consequente abertura de modos de dizer não objetificantes, não apenas o pensamento do ser permanecerá prisioneiro de uma ontologia redutora e objetificante,

---

5. Sobre a crítica de Carnap, ver: CARNAP, R., Die Überwindung der Metaphysik durch logische Analyse der Sprache, in: *Scheinprobleme in der Philosophie und andere metaphysikkritische Schriften*, Hamburg: Meiner, 2004, p. 81-110.
6. HEIDEGGER, M., Phänomenologie und Theologie, in: *Wegmarken*, GA 9, Frankfurt, Vittorio Klostermann, 1996, p. 76; idem, Fenomenologia e Teologia, in: *Marcas do Caminho*, Petrópolis, Vozes, 2008, p. 86. Além da referência, quando possível, às traduções brasileiras, os textos do Heidegger serão citados pela numeração dos volumes das obras completas (Gesamtausgabe) indicados pela sigla GA.
7. Idem, Phänomenologie und Theologie, in: *Wegmarken*, GA 9, p. 70; Fenomenologia e Teologia, in: *Marcas do Caminho*, p. 80.
8. Idem, Brief über den Humanismus, in: *Wegmarken*, GA 9, Frankfurt, Vittorio Klostermann, 1996, p. 318; idem, Carta sobre o Humanismo, in: *Marcas do Caminho*, Petrópolis, Vozes, 2008, p. 331.

mas a vida mesma será soterrada por aquilo que Habermas descreve como colonizações do mundo da vida pela razão instrumental.

Interpretada à luz da sua crítica ao processo de modernização, não há nenhuma indicação de que Heidegger considere a tensão tractariana entre vida e ciência como saída para essa perda da experiência grega da totalidade do ente[9]. Ao exigir a preparação de outra relação com a linguagem, Heidegger sublinha como passo fundamental nessa direção a recusa dos critérios da linguagem objetiva das proposições teóricas. Tais critérios não podem ser tomados como a medida segura para estabelecimento dos limites do dizível, pois são constitutivamente redutores e encobridores de outras formas de dizer contidas na linguagem. Enquanto o primeiro Wittgenstein exige uma *restrição da linguagem à função afiguradora das proposições teóricas*, com o consequente silêncio sobre o não afigurável, Heidegger, por sua vez, exige em *Ser e Tempo* uma *restrição da função afiguradora da linguagem teórica*, com a consequente análise de outras potencialidades da linguagem. Privilegiar a função afiguradora significa tomar um único tipo de expressão linguística, a proposição teórica, como referência base da interpretação da linguagem.

O que podemos concluir com base nessas considerações iniciais? De certo modo, as referências feitas por cada filósofo convergem na direção do problema da demarcação crítica dos limites da linguagem, remetendo assim a discussão entre Wittgenstein e Heidegger à tradição kantiana. A conexão com o kantismo por meio da problemática dos limites é ampla, não doutrinária, pois o desenvolvimento da questão da demarcação é alterado pela descoberta da função constituidora

---

9. Brian McGuinness relata uma história que, caso seja verdadeira, confirma esse distanciamento. Ao discutir o ceticismo de Wittgenstein diante da ciência e do progresso moderno, comenta McGuinness: "Por meio dessa atitude cética ele não se torna de nenhum modo aliado de Heidegger. Heidegger, por sua vez, não o tomava por um aliado: quando um estudante foi até ele e se apresentou como sobrinho de Wittgenstein, ele disse: 'Esse positivista crasso!' Essa reação deve ser levada em consideração, quando a presença (anunciada há pouco como uma descoberta) do *Tractatus* na biblioteca do Heidegger é discutida". McGuinness, B. u.a., *Der Löwe spricht... und wir können ihn nicht verstehen*, Frankfurt, Suhrkamp, 1991, p. 9.

Introdução

da linguagem na relação com o mundo. O que permanece central é a problemática das condições da experiência redimensionada enquanto investigação sobre a estrutura da significação, ou seja, a problemática kantiana é alterada pela presença do fenômeno da linguagem. Wittgenstein e Heidegger operam uma transformação do pensamento transcendental pela referência constitutiva à questão do sentido, tanto em termos de origem quanto de limites. De acordo com Apel, a presença constitutiva no pensamento de Heidegger e Wittgenstein desse tema principal da contemporaneidade filosófica é também uma das motivações fundamentais para superação da oposição inicial entre os campos filosóficos nos quais foram artificialmente situados. Nesses termos, pode-se afirmar que essa contraposição possui função heurística, na medida em parece oferecer, nas palavras de Apel, uma "chave para uma compreensão mais profunda da estrutura espiritual da nossa época"[10].

A nossa época está marcada pela crise do projeto moderno, sem que as críticas radicais antimodernistas tenham conseguido definir o traço característico dessa nova condição constituída pela crise, ou seja, sem que a indeterminação entre "pós-moderno" e "revisão do moderno" tenha sido superada. Aparentemente, trata-se de um impasse histórico, não superável em termos puramente conceituais, o que condena o pensamento a movimentar-se continuamente no interior da tensão entre modernidade e uma possível abertura a outra situação ainda indeterminada. É com base nessas coordenadas histórico-sistemáticas que a aproximação entre Heidegger e Wittgenstein será realizada neste estudo. Ambos convergem na medida em que cultivam uma distância da modernidade por meio do abandono do primado epistemológico dos atos mentais próprio do cartesianismo, na mesma medida em que

---

10. APEL, K.-O., Wittgenstein und Heidegger: Die Frage nach dem Sinn von Sein und der Sinnlosigkeitsverdacht gegen alle Metaphysik, in: *Transformation der Philosophie I*, p. 225; idem, *Transformação da Filosofia*, p. 265. Rorty apresenta avaliação semelhante na sua obra *Filosofia e o Espelho da Natureza*, ao afirmar que Heidegger, Wittgenstein e Dewey configuram a base contemporânea de sua atividade filosófica.

recorrem ao fenômeno da linguagem para radicalizar e aprofundar a crítica kantiana da razão sob a forma de uma crítica do sentido.

A parte substancial do presente texto está voltada para uma discussão da motivação central da questão da demarcação dos limites, qual seja, a convicção de que há experiências fundamentais da vida humana que contrariam uma abordagem teórico-científica. É por meio de uma inflexão na pergunta pelos limites da significação linguística que nos colocamos na direção do fenômeno da vida humana. É por essa temática que as convergências e proximidades entre as obras de Heidegger e Wittgenstein tornam-se mais patentes. Tomarei como fio condutor para a construção do diálogo, portanto, não tanto a delimitação da estrutura do saber teórico-científico, mas sim a interpretação do fenômeno da vida humana como origem de toda atividade filosófica. Em outras palavras, a discussão entre os autores será desenvolvida como *investigação das conexões entre linguagem, cotidiano e pensamento filosófico.*

Não é casual que a maioria dos estudos publicados sobre o possível diálogo entre Heidegger e Wittgenstein privilegiem a proximidade existente entre *Ser e Tempo* (1927) e as *Investigações Filosóficas* (1951). Em termos gerais, é afirmada, nas duas obras, a inelutável inserção dos indivíduos num contexto de significação, permeado por práticas linguísticas sedimentadas por hábitos e instituições. Essa perspectiva impede a manutenção da ideia de um sujeito encapsulado em si, ainda inseguro sobre a realidade externa de um mundo unicamente acessível por intermédio da contemplação teórica e/ou observação empírica. Pode-se dizer, portanto, que o principal ponto de convergência entre investigações existencial-ontológicas e as filosófico-gramaticais é a *descoberta da vida cotidiana*, ou seja, a presença de um horizonte de sentido desde sempre aberto, com base no qual a filosofia pode emergir enquanto discurso e modo de existir. Sob a forma de um possível ponto de chegada da discussão dos limites da linguagem, essa descoberta promove uma inversão das relações entre proposição e vida. Não é tanto a vida que se revela em face do conhecimento científico expresso em enunciados teóricos enquanto esfera que escapa à objetificação, ao contrário, é a proposição teórico-científica que se apresenta dependente da vida

Introdução

cotidiana, pressupondo um horizonte de sentido compartilhado como condição prévia e ambientação. Este livro está dividido em três partes. No capítulo I, está exposta a descrição da vida cotidiana como lugar primeiro de articulação de sentido. A descrição do cotidiano com base nos conceitos de ser-no-mundo e formas de vida oferecerá o contexto para a problematização da significação linguística. O capítulo II avalia as consequências que decorrem da descoberta da vida cotidiana para a determinação do lugar da lógica e do discurso proposicional. A localização do sentido no interior da vida cotidiana impede qualquer recurso a idealidades atemporais, o que exige uma revisão da natureza da lógica e da importância da proposição na análise da linguagem. O capítulo III reflete sobre a transformação na compreensão e exercício da atividade filosófica com base em sua ligação com a cotidianidade. Partindo inevitavelmente da vida cotidiana, o pensamento filosófico pressupõe e realiza uma alteração do entendimento imediato que deve ser refletido na própria autocompreensão da filosofia.

CAPÍTULO I

A significatividade da vida cotidiana

O eixo temático que determina um claro ponto de contato entre Heidegger e Wittgenstein é a descoberta da significatividade da vida cotidiana. O principal pressuposto compartilhado entre a analítica existencial e as investigações gramaticais é a concepção de que todo sentido é articulado primeiramente no interior da cotidianidade, no contexto específico de certas formas de vida, do ser-no-mundo[1]. É sempre com base na vida que o pensamento se desenvolve de fato, é por ela que deve desdobrar-se por princípio. Existimos em situação, porque nos movemos no interior de um horizonte de sentido compartilhado publicamente, constituído historicamente, desde sempre aberto e articulado.

---

1. No decorrer deste texto, utilizarei a expressão "vida cotidiana" para me referir, de modo amplo, ao fenômeno descrito por Heidegger e Wittgenstein por meio das noções de ser-no-mundo e formas de vida.

Partindo dessa convergência temática será necessário ressaltar, na análise descritiva da vida ordinária, as diferenças no modo de abordagem, motivação filosófica e interrogação, as quais justificam a possível pertinência de uma contraposição das perspectivas. A intenção de ressaltar diferenças exige um cuidado diante da dificuldade de determinar o ponto de partida a ser tomado para o estudo comparativo. Reconhecendo essa convergência temática, pode-se perguntar: com base em que aspecto da vida cotidiana seria possível iniciar a construção do diálogo? Em situações dessa natureza, em que o caminho da interpretação está sendo iniciado, talvez seja razoável recorrer a um expediente preparatório, até certo ponto experimental, examinando os pontos de contato que aparecem na superfície textual e que permitam a emergência de diferenças relevantes para o debate. Na perspectiva de uma aproximação inicial, utilizarei a única referência terminológica comum entre os autores na descrição da vida: o recurso ao conceito de jogo.

I.1. O fenômeno do jogo e sua relevância filosófica

> "Pois, para dizer tudo de uma vez, o homem joga somente quando é homem no pleno sentido da palavra, e *somente é homem quando joga.*"[2]

O conceito de jogo oferece uma possível plataforma para o início da construção do diálogo entre Heidegger e Wittgenstein não apenas pela riqueza do próprio fenômeno em si mesmo, mas também porque os dois pensadores recorrem a essa noção para descrever o eixo temático comum: o cotidiano. O recurso ao conceito de jogo para descrever a vida cotidiana certamente não é uma mera coincidência terminológica, a despeito das diferenças no uso e na aplicação dessa noção em cada contexto. A primeira e a mais óbvia diferença diz respeito ao grau de importância concedido ao conceito e ao fenômeno. Em oposição a Wittgenstein, que lhe concede uma centralidade fundamental por intermédio da noção de jogo de linguagem, há em Heidegger apenas

---

2. SCHILLER, F., *A Educação Estética do Homem*, São Paulo, Iluminuras, 1989, p. 80.

A significatividade da vida cotidiana

um curto experimento em torno desse conceito, desenvolvido no parágrafo 36 da preleção Introdução à Filosofia (1928-1929)[3]. Apesar do uso restrito, o conceito de jogo é mobilizado neste curso para descrever a "essência" do existir, ou seja, a transcendência do Dasein, o que lhe concede, senão uma centralidade terminológica, ao menos uma importância filosófica inegável. Assim, a diferença relativa à centralidade ou marginalidade do termo não desfavorece a expectativa de que a referência terminológica comum permita iluminar, até certo ponto, quais elementos distintos da vida cotidiana são destacados em cada caso, fornecendo um início pertinente para a construção do diálogo entre Heidegger e Wittgenstein.

Antes de tudo, faz-se necessário conquistar por intermédio de uma interpretação não imanente uma caracterização geral do conceito de jogo com base em uma abordagem do próprio fenômeno desenvolvida sem preocupação filosófica imediata. Essa consideração prévia irá fornecer a base para a compreensão do significado usual do conceito, por meio da qual será possível examinar sua apropriação filosófica por Heidegger e Wittgenstein na descrição da vida cotidiana. Nessa perspectiva preliminar, podemos recorrer à caracterização do fenômeno no seu significado usual feita por Johan Huizinga no livro Homo Ludens[4], no qual defende a tese de que toda cultura humana se desenvolve no elemento do jogo. O texto tenta no conjunto reforçar tal afirmação por uma análise detalhada da presença dos elementos específicos do jogo em várias regiões da cultura e das atividades humanas. Ao pretender examinar a cultura *sub specie ludi*, Huizinga aproxima-se da tentativa de Heidegger e Wittgenstein ao propor uma ampliação do campo de

---

3. Além dessa exploração experimental realizada no curso de Introdução à Filosofia, pode-se constatar também a tentativa posterior de Heidegger de incluir a noção de jogo no pensamento do ser desenvolvido com base na história dos destinamentos do ser, e não na analítica existencial. Esse uso posterior da noção de jogo não será incorporado à discussão, porque não pertence mais ao horizonte da analítica existencial. Com relação ao uso posterior, cf. CAPUTO, J., Being, Ground and Play, in: Man and World 3(1), Filadélfia, Villanova University, 1970, p. 26-48.
4. HUIZINGA, J., Homo Ludens, o jogo como elemento da cultura, São Paulo, Perspectiva, 1971.

aplicação do conceito para determinar a situação humana. De acordo com Huizinga:

> Numa tentativa de resumir as características formais do jogo, poderíamos considerá-lo uma atividade livre, conscientemente tomada como "não séria" e exterior à vida habitual, mas ao mesmo tempo capaz de absorver o jogador de maneira intensa e total. É uma atividade desligada de todo e qualquer interesse material, com a qual não se pode obter qualquer lucro, praticada dentro de limites espaciais e temporais próprios, segundo certa ordem e certas regras[5].

O que, de início, chama a atenção na descrição das características formais do jogo é o fato de que seja tomado como uma atividade separada da vida habitual, principalmente pela ausência de compromisso (interesse) com resultados exteriores à própria execução. Isso parece contradizer a possibilidade de tomá-lo como ponto de partida para a tematização da existência humana. Não haveria aqui um risco de adulteração perigoso por associarmos a totalidade da vida com sua dimensão mais descompromissada e solta? Que passagem poderia ser construída para possibilitar a ampliação da concepção do jogo enquanto comportamento lúdico para uma apropriação filosófica dessa noção enquanto determinante da vida cotidiana como um todo?

Para Wittgenstein, o aspecto mais importante do jogo é o fato de que podemos descrevê-lo em termos de uma atividade guiada por regras. Esse caráter regrado não pode ser tomado como uma propriedade comum capaz de demarcar a essência do jogo, pois se trata de uma semelhança de família. Na primeira aparição da noção de jogo nas *Investigações Filosóficas*, ela é inserida justamente para ilustrar a concepção de que certos termos não expressam universalidade da essência comum de um conjunto de entidades particulares, visto que expressam uma complicada rede de "semelhanças, que se cruzam e sobrepõem umas às outras" (*IF*, § 66)[6]. Wittgenstein destaca a presença de regras

---

5. HUIZINGA, J., *Homo Ludens, o jogo como elemento da cultura*, p. 16.
6. WITTGENSTEIN, L., *Philosophische Untersuchungen*, in: *Werkausgabe*, Frankfurt, Suhrkamp, 1984, v. 1; cf. *Investigações Filosóficas*, Petrópolis, Vozes, 2009. O texto

como uma característica pertinente do jogo não para delimitar sua propriedade essencial, mas para aproximá-lo de outra atividade que possui a mesma característica: a linguagem. Assim como o jogo, a linguagem pode ser descrita como uma atividade guiada por regras que regulamentam, nesse caso, o emprego de palavras.

É com base nessa *analogia* entre linguagem e jogo que Wittgenstein formula a noção de jogos de linguagem, que é, como se sabe, polissêmica[7]. Tomaremos como acepção principal, neste contexto inicial, a que se refere à relação fundamental entre palavra e atividade, formulada no seguinte trecho das *Investigações Filosóficas*: "Eu irei chamar também de 'jogo de linguagem' *o todo* [*das Ganze*] da linguagem e das atividades, com as quais ela está entrelaçada"[8] (*IF*, § 7). Wittgenstein realiza um aproveitamento do significado usual do jogo transpondo, por analogia, sua aplicação a outra atividade específica, o uso de sinais em contextos práticos. O comportamento linguístico, atividade de uso de sinais, é uma forma de jogo. À primeira vista, a transposição refere-se apenas a um comportamento particular (uso de sinais); contudo, o aproveitamento do sentido por intermédio da analogia permite empregar o termo para descrever de modo abrangente a vida cotidiana. Nenhum jogo de linguagem enquanto uso de sinais acontece no vazio, pois está sempre delimitado por circunstâncias particulares. A ausência de situações práticas contextuais tornaria incompleto o que na verdade possui caráter global.

De fato, Wittgenstein destaca que o jogo da linguagem é uma totalidade no interior da qual o uso de palavras está entrelaçado com atividades sociais. Desse modo, a totalidade da vida cotidiana é abrangida

---

também será citado por meio da abreviação *IF* seguida da indicação da numeração da observação mencionada.
7. Mulhall distingue pelo menos quatro acepções do termo: 1. Jogo com palavras do tipo presente na instrução das crianças (ensino ostensivo); 2. Exemplificações primitivas da linguagem (linguagem primitiva); 3 Totalidade: entrelaçamento entre linguagem e atividade; e 4. Mapeamento das regiões da linguagem (distinção de setores das linguagens naturais). Cf. MULHALL, S., *Inheritance & Originality, Wittgenstein, Heidegger, Kierkegaard*, Oxford, Oxford University Press, 2001, p. 63-66.
8. Itálicos meus.

pela transposição da noção de jogo para o vocabulário básico das investigações gramaticais. Nessa interpretação, todo o arco de amplitude da forma de vida é preenchido pelo conjunto de atividades práticas não linguísticas que formam o contexto dos jogos de linguagem, na medida em que oferece funções para as palavras e expressões: "ordenar, perguntar, narrar, conversar pertencem a nossa história natural assim como andar, comer, beber, jogar" (*IF*, § 25). O caráter global do jogo de linguagem é captável no entrelaçamento entre o emprego de palavras e as atividades práticas, na medida em que essa conexão revela que o uso de sinais permeia os diferentes contextos de ação, ou seja, atravessa cada forma de vida como um todo. É esse entrelaçamento que configura a estrutura básica da vida cotidiana, tal como é descrita nas investigações gramaticais desenvolvidas por Wittgenstein.

O caráter total presente na aplicação da noção de jogo na descrição da vida cotidiana não se contrapõe necessariamente à resistência demonstrada por Wittgenstein a toda tentativa de sistematização, em especial a sistematização da linguagem; pois, apesar de sua variedade, todos os jogos estabelecem entre si relações de semelhança e dessemelhança que os reúnem num mesmo campo de intersecção. É percorrendo esse campo de intersecção e destacando os cruzamentos e sobreposições de semelhanças e dessemelhanças que podemos, paulatinamente, conquistar uma visão panorâmica das nossas práticas linguísticas. A totalidade pode ser aberta, formada por fronteiras fluidas, múltiplas, mas ainda assim *podemos* captar suas articulações. De um modo ou de outro, as palavras unicamente ganham significado num jogo, ou seja, com base em seu lugar na prática global da linguagem de uma comunidade. A conexão entre práticas linguísticas e não linguísticas localiza os jogos na vida global da tribo [*im ganzen Leben des Stammes*][9].

---

9. WITTGENSTEIN, L., Das Braune Buch, in: *Werkausgabe*, Frankfurt, Suhrkamp, 1984, v. 3, p. 149; *O Livro Castanho*, trad. Jorge Marques, Lisboa, Edições 70, 1992, p. 39. Cf. também: "O que pertence a um jogo de linguagem é toda uma cultura", Wittgenstein, *Lectures & Conversations, on Aesthetics, Psychology and Religious Belief*, Berkeley, University of California Press, 1967, p. 8.

A aproximação entre atividade e linguagem estabelecida por Wittgenstein permite uma "apropriação" da noção de jogo que se diferencia fortemente da abordagem de Heidegger, uma vez que, para este último, o jogo no seu significado originário não pode ser reduzido a um comportamento particular. Em Wittgenstein, o jogo da linguagem é um comportamento específico que permeia a vida cotidiana como um todo, qual seja, a atividade particular de utilização das expressões linguísticas. O jogar é sempre um jogar regrado com a linguagem em contextos práticos em vista de certas finalidades vitais específicas. Em vez de ressaltar a aplicação de regras, Heidegger destaca que o jogo, no seu significado usual, é uma atividade livre, que se caracteriza pela capacidade de criar para si mesma o próprio domínio de exercício, uma atividade que contém em si mesma a possibilidade de configurar-se de diferentes maneiras.

Que a aplicação de regras não é o elemento fundamental na determinação do jogo, pode ser constatado segundo Heidegger até mesmo no interior da noção usual de jogo enquanto atividade particular. Muito embora a atividade lúdica seja um comportamento guiado por regras, o decisivo na liberdade que o jogar promove não é tanto o fazer e o agir enquanto atuação, mas o encontrar-se no interior desse movimento de acordo com uma tonalidade afetiva específica. Todo jogar é marcado por um envolvimento afetivo que situa o jogador no interior da dinâmica própria do jogar, de tal modo que a realização do jogo é mais radical do que a mera aplicação de regras. A vitalidade livre do jogo revela-se na capacidade de criar uma esfera própria, um "campo lúdico", no interior do qual se configura um movimento que, antes de ser o somatório do comportamento dos jogadores, é o movimento do jogo ele mesmo. Daí a afirmação de Gadamer, de que "todo jogar é um ser-jogado"[10].

Discordando de Wittgenstein na afirmação de que não existe uma essência do jogo, Heidegger ressalta que o que possibilita a apropriação

---

10. GADAMER, H.-G., *Wahrheit und Methode. Hermeneutik I, Gesammelte Werke*, Tübingen, Mohr Siebeck, 1999, v. 1, 112.

filosófica da noção de jogo para descrever a vida é a capacidade dessa noção de apontar para "o fato de a convivência histórica dos homens oferecer o aspecto de uma multiplicidade colorida, assim como de uma mutabilidade e de uma acidentalidade"[11]. Para Heidegger, se a existência histórica possui essa configuração mutável, uma plasticidade variada, esse fato deve ser apreendido como consequência da essência do ser-aí. É justamente porque a própria existência possui em si mesma o caráter de jogo que é possível sua manifestação concreta nos termos de uma variedade de formas. Ou seja, para Heidegger, é preciso retroceder do significado usual do jogo como um comportamento particular ou mesmo como aspecto primeiro do acontecer histórico para explorar a totalidade específica das "regras metafísicas *a priori* de jogo que tornam possível a cada vez um jogo fático da vida"[12].

Partindo do significado usual do termo jogo, que delimita um âmbito ôntico de atividades, Heidegger remete a um significado originário, pressupondo uma relação de possibilitação. Haveria, portanto, um jogo originário já aberto previamente como condição de possibilidade de todo comportamento específico para com o ente, seja o brincar próprio do comportamento lúdico, ou seja, o uso de sinais próprio dos jogos de linguagem. Todo comportamento humano pressupõe como sua condição de possibilidade o acontecer temporal do jogo originário da transcendência do ser-aí. Heidegger comenta essa relação de antecedência no texto A *Essência do Fundamento*, afirmando que

---

11. HEIDEGGER, M., *Einleitung in die Philosophie*, GA 27, Frankfurt, Vittorio Klostermann, 2001, § 36, p. 310; idem, *Introdução à Filosofia*, trad. Marcos Casanova, São Paulo, Martins Fontes, 2008, p. 329.
12. Idem, § 35, p. 309; idem, p. 329. A acepção do termo "metafísica" não é fixa nos textos heideggerianos. No contexto do fim dos anos de 1920, pode-se perceber uma tentativa de apropriação positiva do termo fundamentado em uma reinterpretação do seu sentido com base na transcendência do ser-aí. A ultrapassagem expressa pelo prefixo *meta* não indica, nesta leitura, o movimento de passagem do sensível em direção ao suprassensível, mas a ultrapassagem do ente em direção do ser por meio da compreensão disposta. Cf. HEIDEGGER, M., *Was ist Metaphysik?*, in: *Wegmarken*, GA 9, Frankfurt, Vittorio Klostermann, 2004, especialmente p. 118; idem, *Marcas do Caminho*, Petrópolis, Vozes, 2008, p. 129. Um uso variante semelhante pode ser verificado com outros títulos usados para determinar o sentido básico de sua atividade como "filosofia", "ciência", "hermenêutica" etc.

"a transcendência [...], refere-se ao que é próprio do *ser-aí humano*; e, na verdade, não como um modo de comportamento possível entre outros, posto em exercício [*Vollzug*] às vezes, mas como *constituição fundamental deste ente, uma constituição que acontece antes de todo comportamento*"[13].

A transcendência da existência é o movimento fundamental de desvelamento do ser que possibilita todo comportamento em relação ao ente enquanto sua condição *a priori*. A existência humana ultrapassa todo ente por intermédio da compreensão de ser, projetando o horizonte da totalidade significativa do mundo. A existência transcende todo ente com o qual estabelece relação na medida em que forma mundo, ou seja, a perspectiva de sentido global por meio da qual os entes são encontrados e compreendidos em seu ser. Para que qualquer comportamento direcionado a um ente específico possa ocorrer, já se faz necessária a transcendência em direção à totalidade do mundo.

Assim, "nesse jogo da transcendência, todo e qualquer ente em relação ao qual nos comportamos já se vê envolto por um jogo, assim como todo comportamento já se acha colocado nesse jogo"[14]. O jogar assume aqui a característica de um movimento de formação prévia do mundo, por isso não se trata de um jogar arbitrário, mas determinante. Ao descrever o ser-no-mundo como um jogo, Heidegger não visa a "um jogar com o ente, nem também [a] um jogar com o ser, senão jogar o ser, pôr o ser em jogo (*erspielen*), formá-lo nesse jogo"[15]. A existência é formativa não porque produz o ser mesmo, mas apenas na medida em que configura um horizonte de sentido (mundo), no interior do qual o ser e o ente *podem* manifestar-se em si mesmos, o que inclui a própria existência na sua dimensão fática. Os horizontes temporais, esquemas projetados pela compreensão, determinam as "regras

---

13. HEIDEGGER, M., Vom Wesen des Grundes, in: *Wegmarken*, GA 9, Frankfurt, Vittorio Klostermann, 2004, p. 137; idem, A Essência do Fundamento, in: *Marcas do Caminho*, p. 149.
14. HEIDEGGER, M., *Einleitung in die Philosophie*, GA 27, § 36, p. 313; idem, *Introdução à Filosofia*, 2008, p. 333.
15. Idem, § 36, p. 315; p. 335.

metafísicas", mencionadas previamente, que possibilitam que os entes na sua multiplicidade venham ao encontro da existência. O movimento próprio do jogar originário que nos envolve é a mobilidade originária da transcendência. Com base nessas considerações pode-se perguntar se a exploração preliminar da apropriação feita por Heidegger e Wittgenstein da noção de jogo na descrição da vida cotidiana forneceu alguma indicação prévia relevante para a demarcação das diferenças. A resposta é positiva. Em primeiro lugar, há uma distinção na forma de apropriação da noção de jogo que indica diferenças metódicas na abordagem da vida cotidiana. Em Wittgenstein, verificamos o procedimento analógico entre duas atividades particulares: de um lado, o jogar em sentido corrente de brincadeira lúdica; de outro, o jogar da linguagem enquanto uso de sinais. Ambos são aproximados em virtude da aplicação de regras e porque estão situados no mesmo patamar da concretude fática das formas de vida, nas quais as palavras empregadas estão interconectadas numa rede de semelhanças de famílias. O jogar lúdico e o jogar com sinais são duas atividades análogas e facticamente localizadas no interior da vida cotidiana. Verificamos em Heidegger, em vez disso, a tentativa de um recuo que retrocede da vida fática para suas condições de possibilidade na ultrapassagem da transcendência. A distinção entre os níveis ontológico e ôntico expressa uma relação de possibilitação entre um jogo originário prévio articulador da significância do mundo e todas as formas fáticas de comportamento ôntico, inclusive os comportamentos do jogar lúdico ou o jogar com a linguagem no sentido do Wittgenstein[16]. De modo que não acontece uma transposição por analogia, mas uma recondução de elementos derivados para sua origem ontológica. É evidente que essa diferença básica deve resultar de pressupostos, motivações e projetos filosóficos que determinam óticas diferenciadas de tematização da vida cotidiana.

---

16. Cf. HEIDEGGER, M., *Einleitung in die Philosophie*, GA 27, § 36, p. 309; idem, *Introdução à Filosofia*, 2008, p. 329: "A totalidade específica dessas regras metafísicas *a priori* de jogo que tornam respectivamente possível um jogo fático da vida".

Além disso, podem-se destacar outros três elementos fundamentais que transparecem *implicitamente* na aplicação da noção de jogo na descrição da vida cotidiana como aspectos gerais desse fenômeno: (i) centralidade da atividade como dimensão básica da vida cotidiana, pois, sendo em si mesma um jogo, a vida tem como marca a mobilidade; (ii) liberdade de configuração, sob a forma da variedade. Só podemos falar de jogo remetendo para uma pluralidade de formas. Por meio da dinâmica do próprio jogo, a vida vai tecendo as próprias estruturas de um modo sempre diverso e situado. Por último, (iii) a presença de regulamentações por intermédio de regras, que são formuladas para determinar a atividade prática e livre da vida cotidiana como um acontecimento repetível, rotineiro e familiar. Esses elementos apontam para momentos de convergência entre Heidegger e Wittgenstein, sem encobrir a diferença anunciada na distinção entre comportamento ôntico e transcendência, entre factualidade e condição de possibilidade, entre vida fática e tempo originário que remontam a diferenças radicais entre os projetos filosóficos. Essa diferença remete à determinação do compromisso ou recusa de uma dimensão ontológica da vida e da linguagem em suas articulações de sentido.

I.2. Duas perspectivas divergentes de interrogação

A expressão "projetos filosóficos" visa ressaltar que, na ausência de uma teoria ou sistema nos escritos de Heidegger e Wittgenstein, temos que determinar as diferenças de abordagem do eixo temático comum, vida cotidiana, com base no horizonte de interrogação de cada pensador. Como afirma Heidegger no início do texto *A Constituição Onto-teo-lógica da Metafísica*: "O diálogo com um pensador só pode tratar da coisa do pensamento. 'Coisa' [*Sache*] significa, conforme a determinação dada o caso em disputa, o controvertido, o que unicamente é *o* caso para o pensamento, que o concerne"[17]. Nesses termos,

---

17. HEIDEGGER, M., Die onto-theo-logische Verfassung der Metaphysik, in: *Identität und Differenz*, Estugarda, Klett-Cotta, 2008, p. 31; idem, A constituição onto-teo-lógica da metafísica, in: *Coleção Os Pensadores*, São Paulo, Abril, 1979, p. 189.

é necessário perguntar pela tarefa que mobiliza o pensar em cada caso. Qual é a tarefa do pensamento da analítica existencial e das investigações gramaticais?

Apesar de movimentarem-se no mesmo eixo temático, descrevendo a vida cotidiana, não há uma interrogação comum entre Heidegger e Wittgenstein. Na verdade, reina entre os projetos de investigação uma divergência radical sobre a própria noção de problema filosófico. De um lado, temos a tentativa de repetição da questão central da tradição ontológica, ainda que reformulada e redimensionada; de outro, o esforço ininterrupto de desmascarar todos os problemas filosóficos como confusões linguísticas. Pode-se, portanto, concordar com a observação de Horby de que

> a comparação entre dois filósofos deveria normalmente preencher uma requisição: que ela inicie com base no centro desses filósofos, de tal modo que a comparação não se torne a comparação entre declarações disparatadas, uma comparação que não é de nenhuma importância. Esta reivindicação tem que ser rejeitada aqui como impossível. A comparação Heidegger-Wittgenstein é recompensadora, mas não por meio do centro filosófico deles[18].

Ao colocarmos os dois pensadores em diálogo, não podemos ignorar a ausência de uma problemática central compartilhada. Em outras palavras, não se trata de avaliar criticamente diferentes respostas a uma questão comum; mas uma disputa implícita sobre a natureza da filosofia, ou seja, sobre qual pode ser seu sentido enquanto atividade de investigação, seu modo de expressividade linguística e sua relação com a existência. Uma vez que este estudo versa sobre as relações entre linguagem, compreensão e vida cotidiana, torna-se necessário determinar previamente desde que perspectiva filosófica esses fenômenos ganham relevância e importância.

Para Heidegger, a questão fundamental da filosofia é a pergunta pelo sentido do ser em geral. Esse questionamento de máxima abrangência

---

18. HORGBY, I., The Double Awareness in Heidegger and Wittgenstein, in: DURFEE, H. A., *Analytic Philosophy and Phenomenology*, Haia, Martinus Nijhoff, 1976, p. 124.

não é retomado em *Ser e Tempo* por intermédio de especulações abstratas, pois, "quando nós perguntamos pelo sentido do ser, então a investigação não se torna profunda, nem rumina o que está por trás do ser, senão que pergunta por ele mesmo na medida em que ele se dá dentro da compreensibilidade do ser-aí"[19]. A correlação entre sentido do ser e existência humana é a temática principal da analítica existencial que visa não apenas tornar transparente para si mesmo este ente que nós mesmos somos, mas encontrar na estrutura da temporalidade o horizonte transcendental de toda compreensão de ser.

É exclusivamente com base na orientação ontológico-fundamental da analítica existencial que o fenômeno da linguagem torna-se tema de meditação fenomenológica. Qualquer outro enfoque do fenômeno linguístico, embora reconhecido em seus limites, é considerado derivado e secundário. Em virtude da orientação ontológica, não importa tanto afirmar que a fenomenologia hermenêutica participa da chamada reviravolta linguística por intermédio da valorização temática da linguagem, pois o que está em questão não é a linguagem em si mesma, mas suas potencialidades indicativas em relação radical com a fenomenalidade[20].

A exigência própria da fenomenologia, expressa na máxima "de volta às coisas mesmas", consiste em delimitar os diferentes modos de doação ou aparecimento, ou seja, de entrega dos fenômenos em geral. No caso particular da fenomenologia hermenêutica desenvolvida em

---

19. HEIDEGGER, M., *Sein und Zeit*, Tübingen, Max Niemeyer Verlag, 2001, § 32, p. 152; *Ser e Tempo*, trad. e apres. Márcia Sá Cavalcante Schuback, 10. ed., Petrópolis, Vozes/Bragança Paulista, Editora Universitária São Francisco, 2015, p. 213. Doravante citarei unicamente o texto alemão por meio da abreviação *SZ*, uma vez que a tradução brasileira contém a paginação original indicada entre colchetes na margem da página. Essa tradução será utilizada como referência, entretanto farei alterações caso seja necessário.

20. Cf. LOPARIC, Z., A linguagem objetificante de Kant e a linguagem não objetificante de Heidegger, in: *Natureza humana*, São Paulo, Educ, 2004, v. 6, n. 1, p. 9: "Heidegger não se interessa pela filosofia da linguagem, um modo de teorização que toma a linguagem como um objeto de estudo, entre outros possíveis. Os seus problemas são *com* a linguagem e, por isso, ele fala *da* linguagem em vez de filosofar *sobre* a linguagem".

Ser e Tempo, a questão da fenomenalidade é problematizada por meio do primado do velamento. A fenomenologia é necessária enquanto investigação filosófica justamente porque os fenômenos no sentido genuíno do termo, ou seja, as estruturas ontológicas dos entes, não se apresentam imediatamente. Os fenômenos são

> o que de início e na maior parte das vezes justamente *não* se mostra, o que está *velado* [*verborgen*] no que se mostra de início e na maior parte das vezes, mas que, ao mesmo tempo, pertence essencialmente ao que se mostra de início e na maior parte das vezes, ao ponto de constituir seu sentido e fundamento (*SZ*, p. 35).

As estruturas ontológicas que determinam o ente em seu ser e sustentam sua compreensibilidade tornam-se acessíveis *explicitamente* apenas pela intervenção do discurso elaborado pela interpretação fenomenológica.

É diante da exigência da formulação de um discurso desvelador que a linguagem se impõe como questão para o pensamento. A linguagem torna-se relevante, sobretudo porque sua estrutura indicativa a torna a potência capaz de retirar o ser dos entes do velamento e trazê-lo para manifestação. Ou seja, a linguagem enquanto *lógos* ou discurso é o contraponto necessário para a descrição dos fenômenos. Heidegger afirma em *Ser e Tempo* que o "λογος enquanto discurso significa δηλουν [...], tornar manifesto aquilo que é o tema do discurso" (*SZ*, p. 32). A interpretação do conceito grego de *lógos* indica claramente que a linguagem será tematizada com base em sua dimensão reveladora, ou seja, em sua capacidade de mostrar, indicar, manifestar, ou seja, de trazer o ser do ente à palavra. Nesse sentido, a linguagem não tem importância temática enquanto fenômeno particular; sua função principal é metodológica. Heidegger não está interessado diretamente em apresentar uma nova teoria do fenômeno linguístico; em vez disso, pretende estabelecer uma conexão entre a linguagem e o projeto de repetição da questão sobre o sentido do ser em geral.

Desde o início de suas investigações fenomenológicas, Heidegger percebeu que a linguagem oferecia mais obstáculos do que subsídios para a proposta de uma ontologia fundamental. Já em *Ser e Tempo*

A significatividade da vida cotidiana

afirmava a diferença radical entre conceber a linguagem enquanto instrumento para descrição ôntica de estados de coisas e sua possível pertinência filosófica na exposição discursiva de estruturas ontológicas. Sintomaticamente, a primeira menção da linguagem em *Ser e Tempo* é marcada por um tom de lamentação diante das suas limitações intrínsecas, observando que "uma coisa é relatar de modo narrativo sobre *entes*, outra coisa é apreender um ente em seu *ser*. Para esta última tarefa, não apenas faltam na maioria das vezes palavras, mas sobretudo a 'gramática'" (*SZ*, p. 39)[21]. A pergunta, de matiz kantiana, pelas condições de possibilidade da compreensão de ser, terá que esclarecer em que medida podemos descrever fenomenologicamente estruturas ontológicas[22]. A questão da linguagem aparece, portanto, ligada à questão da possibilidade do próprio filosofar. Em que medida é possível um discurso sobre o ser enquanto tal, ou seja, que revele estruturas ontológicas por intermédio de descrições fenomenológicas? Que elementos possui a linguagem para permitir a emergência de um dizer revelador capaz de pôr à mostra o que de início se oculta?

Ora, essa é a principal afirmação do pensamento de Wittgenstein: de que seja possível questionar a própria possibilidade da filosofia pela linguagem. Todavia, não está em primeiro plano a expectativa de encontrar, a despeito das suas precariedades, um solo linguístico para a problemática ontológica. Se a filosofia implica uma luta contínua com a linguagem, a luta não é a confrontação com os limites do dizível, mas a tentativa de proteger nosso entendimento contra armadilhas

---

21. Já na primeira preleção ministrada em 1919, podem-se encontrar comentários semelhantes. Cf. HEIDEGGER, M., *Zur Bestimmung der Philosophie*, GA 56/57, Frankfurt, Vittorio Klostermann, 1999, p. 46, 71, 111, 117. Cf. também: "A libertação da linguagem dos grilhões da gramática e a abertura de um espaço essencial mais originário está reservado como tarefa para o pensar e o poetizar", HEIDEGGER, M., Brief über den Humanismus, in: *Wegmarken*, GA 9, 1996, p. 314; Carta sobre o Humanismo, in: Coleção *Os Pensadores*, São Paulo, Abril, 1979, p. 149.
22. Cf. *SZ*, § 45, p. 231: "O que se busca é responder à questão do sentido do ser em geral e, antes disso, a possibilidade de uma elaboração radical desta questão fundamental de toda ontologia. A liberação do horizonte em que o ser em geral se torna, de início, compreensível equivale, entretanto, à clarificação da possibilidade da compreensão do ser em geral [...]".

linguísticas. Enquanto a fenomenologia hermenêutica tenta forçar a linguagem contra as margens do sentido, beirando o inexpressável e o silêncio para trazer o ser à palavra, Wittgenstein propõe uma dissolução das questões centrais da filosofia, rejeitando as pretensões ontológicas de qualquer discurso. De fato, o movimento básico nos textos de Wittgenstein é de contraposição às pretensões da filosofia tradicional. E a despeito da significativa diferença existente entre a tradição metafísica e a fenomenologia hermenêutica, a orientação básica desta última não a torna imune à negatividade crítica das investigações gramaticais. A proposta de dissolução dos problemas filosóficos atinge também a pretensão de acessar estruturas ontológicas e descrever o que e como um ente é em seu ser.

Por causa do impulso negativo, não há nos escritos de Wittgenstein a unidade abrangente de uma questão fundamental configurando um projeto de investigação. O principal ímpeto do pensamento consiste em recorrer à análise das expressões linguísticas como estratégia crítica diante dos problemas filosóficos em geral. Ainda assim ressoa neste projeto uma intenção de totalidade, já que são todos, e não apenas alguns, os problemas filosóficos que devem ser dissolvidos. Como afirma nas *Investigações Filosóficas*, "os problemas filosóficos devem desaparecer *completamente* [*vollkommen*]" (IF 133), significando não apenas que devem sumir definitivamente, mas desaparecer em sua totalidade. Não é difícil perceber que a execução dessa pretensão implica um gigantesco trabalho de mapeamento da linguagem sob a forma de uma exploração progressiva das diferentes armadilhas, regiões e diferenças intrínsecas da linguagem.

Verificamos que, nos dois projetos de investigação, trata-se de avaliar a capacidade ou insuficiência da linguagem no cumprimento das tarefas da filosofia, ainda que esse exame vise garantir a realização de metas bastante distintas. Nesse sentido, podemos considerar o questionamento da possibilidade da filosofia enquanto discurso como a problemática mediadora para o diálogo entre Heidegger e Wittgenstein. Com base no seu desenvolvimento será possível destacar a discordância de fundo em torno da possível dimensão ontológica da significação linguística.

Wittgenstein apresenta, de forma refinada, a primeira tentativa de dissolução dos problemas da ontologia no *Tractatus Logico-Philosophicus*. Pode-se afirmar que o *Tractatus* realiza um experimento radical com a linguagem, num certo tipo de autofagia, pois elabora um discurso que "constrói" a própria absurdidade diante dos olhos de quem lê. Todo o conjunto de afirmações apresentados nesta obra são exemplos de pseudoproposições sobre as estruturas da linguagem. No entanto, essas proposições estão organizadas de tal modo que o seu caráter de contrassenso somente se revela no final de um percurso de leitura que deve transformar o(a) leitor(a), dando-lhe acesso a uma visão correta do mundo (*TLP* 6.54). Por meio desse processo pode ocorrer uma superação das proposições do livro, instante no qual se alcança um patamar diferenciado de compreensão. Depois de preencherem essa função, os contrassensos podem ser largados da mesma maneira como abandonamos uma escada depois de alcançada a meta que almejávamos[23]. Essa estrutura estilística pode ser interpretada como uma indicação de que o entendimento humano terá acesso ao que lhe interessa apreender, mas de um modo completamente diferente do esperado pela filosofia tradicional. Para levar em consideração tal elucidação gerada pelos contrassensos, é necessário tratar de temas que pertencem, de acordo com o texto, ao âmbito do indizível. Neste horizonte de leitura cabe ressaltar a conexão necessária entre lógica e ontologia, que aparece ali ao menos sob dois aspectos fundamentais.

O primeiro aspecto indica que a lógica filosófica, mencionada no título, não é uma ciência meramente formal, restrita à determinação das regras da inferência válida, mas a lei estruturante da "realidade efetiva". Se não pode haver um mundo ilógico, concepção que Wittgenstein se permite expressar inclusive recorrendo à mitologia judaico-cristã

---

23. Conferir a interpretação, desenvolvida por Paulo Margutti, de acordo com a qual a autofagia do *Tractatus* visa conduzir o(a) leitor(a) a uma experiência mística de contemplação silenciosa da totalidade. PINTO, P. R. M., *Iniciação ao Silêncio*, São Paulo, Loyola, 1998. A conexão entre pensamento filosófico e transformação existencial será examinada em maior detalhe no capítulo III deste livro. Cf.: III.2., p. 121.

(*TLP* 3.031), então esse caráter inteligível do mundo, sua "racionalidade imanente", é garantido pela intervenção articuladora da lógica. De acordo com a revisão crítica desenvolvida nas *Investigações Filosóficas*, essa visão transforma a lógica em uma ciência sublime, pois pressupõe que ela possui

uma profundidade especial – um significado universal. Ela estaria, assim parecia, no fundamento de todas as ciências. – Pois a consideração lógica investiga a essência de todas as coisas. Quer ver as coisas no seu fundamento, e não deve preocupar-se com o ser desse ou daquele modo do acontecimento factual (*IF*, § 89).

Nos *Diários* (1914-1916) encontramos um esclarecimento sobre a dimensão ontológica das reflexões lógicas apresentadas no *Tractatus* numa anotação (1.6.15) em que Wittgenstein afirma: "O grande problema, em torno do qual gira tudo o que escrevo é: Há *a priori* uma ordem no mundo, e se há: em que ela consiste?"[24]. Deve-se evitar qualquer confusão entre a ordem *a priori* do mundo mencionada aqui com a ordem *a priori* das coisas, rejeitada pela ausência de necessidade no mundo (*TLP* 5.634). Pois, se não há uma ordem das coisas, porque as relações entre objetos são contingentes e casuais, há uma ordem *a priori* do mundo, formada pelo conjunto necessário de possibilidades de configurações de objetos, que é exatamente o que torna o mundo parte do espaço lógico (*TLP* 1.13). É verdade que tudo o que ocorre no mundo é um acontecimento casual e contingente, havendo uma diversidade de situações possíveis. No entanto, todos os estados de coisas possíveis estão prefigurados no espaço lógico, pois nada pode ser o caso, ou seja, ocorrer contrariando as possibilidades de combinação "previamente" determinadas e articuladas no espaço lógico: "A lógica trata de cada possibilidade e todas as possibilidades são fatos seus" (*TLP* 2.0121).

Disso decorre o segundo aspecto da conexão entre lógica e ontologia. Se a lógica determina a estrutura racional da realidade efetiva,

---

24. WITTGENSTEIN, L., *Tagebücher 1914-1916*, in: *Werkausgabe*, Frankfurt, 1984, v. 1, p. 145.

prefigurando no espaço lógico todas as combinações possíveis entre objetos, então não pode haver lógica sem relação com o mundo, uma lógica cuja formalidade signifique ausência de referência a objetos. A lógica pressupõe a experiência do *thaumazein* diante da existência do mundo (*TLP* 5.552), pode até ser independente de toda experiência sensível, mas não pode ser independente da experiência ontológica de que algo é[25]. De duas maneiras, portanto, a lógica relaciona-se com a ontologia: de um lado, porque a ontologia é uma pressuposição implícita da própria lógica sob a forma de uma "experiência prévia" da existência do mundo e, de outro lado, no interior mesmo da análise da linguagem ao revelar-se como lei estruturante da "realidade efetiva". Com relação a esta última dimensão comenta Wittgenstein, também nos *Diários* (2.8.16): "Sim, meu trabalho estendeu-se dos fundamentos da lógica para a essência do mundo"[26].

Essa observação indica que a ordem de exposição do texto, que inicia com a apresentação da ontologia, não corresponde exatamente à ordem de descoberta, pois é com base em reflexões sobre a forma geral da proposição que Wittgenstein constata a ontologia implícita na linguagem. É nesse ponto que acontece o corte com a tradição filosófica

---

25. O reconhecimento da experiência ontológica no *Tractatus* forneceu motivo e justificação para tentativas de aproximação do primeiro Wittgenstein com Heidegger de *Ser e Tempo*. Cf. HORGBY, I., The Double Awareness in Heidegger and Wittgenstein, in: DURFEE, H. A., *Analytic Philosophy and Phenomenology*, Haia: Martinus Nijhoff, 1976, p. 96-124; ver também FAY, T. A., The Ontological Difference in Early Heidegger und Wittgenstein, in: *Kant-Studien* 82, 1991, p. 319-328. A "experiência" ontológica reaparece na *Conferência sobre a Ética*. Ali Wittgenstein descreve a vivência de espanto diante da existência do mundo. Diz ele: "[Quando isso acontece,] então, eu tendo a empregar frases do seguinte tipo: 'que extraordinário que algo exista' ou 'que extraordinário que o mundo exista'". Cf. WITTGENSTEIN, L., *Vortrag über Ethik und andere kleine Schriften*, Frankfurt, Suhrkamp, 1999, p. 14. Essa experiência ontológica, pressuposta pela lógica, pertence evidentemente à esfera do mostrar, e não do dizer. Nas conversas com o Círculo de Viena, Wittgenstein comenta novamente a experiência de admiração: "O homem tem a tendência de se lançar contra os limites da linguagem. Pense, por exemplo, no espanto de que algo existe. O espanto não pode ser expresso na forma de uma pergunta e não há nenhuma resposta. Tudo o que possamos dizer será *a priori* um sem sentido". Cf. WITTGENSTEIN, L., Wittgenstein und der Wiener Kreis, in: *Werkausgabe*, v. 3, p. 68.
26. WITTGENSTEIN, L., Tagebücher 1914-1916, in: *Werkausgabe*, v. 1, p. 174.

ocidental e seu pressuposto fundamental de que o ser do ente, *to on*, pode ser determinado pelo *logos* de tal modo a tornar-se visível no conceito. À primeira vista pode parecer que Wittgenstein não se distancia verdadeiramente desse pressuposto, uma vez que no *Tractatus* prevalece uma equivalência tão radical entre as estruturas ontológicas e as estruturas lógicas da linguagem, que é perfeitamente possível apreender a essência do mundo na essência da linguagem (*TLP* 5.4711). E essa apreensão é efetiva e radical, pois não se trata de presumir por hipótese como o mundo deveria ser para que a linguagem seja significativa, mas de fato captar na lógica da linguagem a armação do mundo[27].

No entanto, o que é apresentado no início do *Tractatus* não é evidentemente uma teoria ontológica acerca da essência do mundo, mas a tentativa ilegítima de *dizer* a ontologia que se *mostra* na lógica da linguagem. O elemento mais inovador da crítica de sentido à ontologia é a constatação de que a impossibilidade de descrição da essência do mundo tem pouca importância diante de sua total inutilidade. Não deveríamos lamentar o fato de que a ontologia seja impossível enquanto exposição discursiva de estruturas ontológicas por intermédio de proposições descritivas com pretensões de verdade, porque é totalmente desnecessária tal exposição. Tudo o que podemos compreender

---

27. Uma exemplificação possível dessa "passagem" da linguagem para o mundo, garantida pelo pressuposto do isomorfismo, pode ser apresentada pelas consequências retiradas da exigência de determinidade de sentido, de acordo com a qual todo conceito deve ter limites de aplicação bem definidos. Para poder determinar se uma proposição é verdadeira ou falsa é necessário delimitar clara e exatamente o seu sentido. O caráter vago de qualquer proposição é um fenômeno que deve ser superado por meio da análise de seus elementos constituintes, porque "a realidade deve, por meio da proposição, ficar restrita a um sim ou não" (*TLP* 4.023). Somente podemos decidir se o sentido de uma proposição é determinado ou não por um processo de análise finito, ou seja, por intermédio de movimento de decomposição das partes constituintes da proposição que tenha um término definido pelo encontro de sinais primitivos. Se a proposição é composta de elementos básicos, então o mundo deve possuir componentes equivalentes. Como observa Wittgenstein nos *Diários* (14.6.15): "Parece que a ideia do simples já está contida na ideia de análise, tão verdadeiramente, que nós chegamos a essa ideia, totalmente independente de qualquer exemplo de objetos simples ou de proposições, nas quais se fale deles, e intuímos [*einsehen*] – *a priori* – a existência de objetos simples como uma necessidade lógica". Cf. WITTGENSTEIN, L., Tagebücher 1914-1916, in: *Werkausgabe*, v. 1, p. 153.

ontologicamente do mundo já está implícito em toda proposição, já se apresenta para nós imediata e diretamente em cada frase pronunciada submetida à análise. Desse modo, "o que se exprime na linguagem, nós não podemos exprimir por meio dela. A proposição *mostra* a forma lógica da realidade. Ela a exibe" (*TLP* 4.121). Em todo *dizer* que afigura um estado de coisas possível, pode-se constatar um *mostrar* que exibe a estrutura do mundo.

A equivalência entre a sintaxe lógica e a ordem *a priori* do mundo, identidade formal simplesmente pressuposta somada à distinção entre dizer e mostrar, retira de circulação como irrelevante todo esforço de tematização das formas lógicas. A linguagem e o mundo são dois sistemas em correlação isomórfica. Há um direcionamento ontológico implícito na linguagem que a põe em relação direta com o mundo; por isso toda língua, enquanto sistema de sinais, indica o que não é linguístico, ou seja, o sistema de objetos, na medida em que os substitui por sinais primitivos na proposição. A linguagem não forma um círculo fechado em si mesmo; ao contrário, é constitutivamente direcionada para o mundo. Num outro contexto, Wittgenstein, numa rara referência à tradição, remete numa observação das *Investigações Filosóficas* (*IF*, § 518) a um trecho do *Teeteto* de Platão para ressaltar a força da convicção de que a linguagem aponta para o mundo. Se partimos do pressuposto de que a principal função da linguagem é afigurar, simbolizar o mundo, então tenderemos a afirmar que a significação linguística aponta de algum modo para "algo" a respeito do qual discorre. A pergunta pelas condições de possibilidade da linguagem significativa no *Tractatus* visava justamente esclarecer como pode ocorrer tal conexão com a realidade extralinguística. Desse modo, o *Tractatus* responderia positivamente à pergunta colocada pelo interlocutor no § 562 das *Investigações*: "Encontra-se, então, uma realidade por detrás da notação e segundo a qual esta orientaria sua gramática?". De fato, se dizer implica mostração, então o simbolismo tem que se orientar pela realidade extralinguística.

Pode parecer inadequado falar nesse contexto de um "orientar-se por", porque a concepção de isomorfia colocaria a estrutura lógica das proposições num mesmo patamar de igualdade com a estrutura ontológica do mundo. É necessário observar, entretanto, que a relação entre linguagem e mundo possui duas dimensões complementares, mas distintas: de um lado, as proposições *afiguram* estados-de-coisas possíveis na medida em que descrevem as propriedades externo-materiais dos objetos, ou seja, suas combinações contingentes; de outro lado, as proposições *espelham* as propriedades interno-formais dos objetos. A proposição significativa descreve o mundo afigurando estado-de-coisas unicamente porque espelha a forma lógica da realidade (*TLP* 4.121)[28]. A diferença entre afigurar e espelhar corresponde aos movimentos conjugados do dizer e mostrar realizados na proposição. A noção de espelho indica claramente uma heteronomia, uma vez que a linguagem para adquirir a relação afiguradora tem que "submeter-se", "pôr-se de acordo" com a realidade extralinguística. Além de conter a mesma multiplicidade matemática que o mundo, a linguagem tem que conter as mesmas possibilidades combinatórias. Caso contrário, o simbolismo seria um sistema incapaz de sair de si e apresentar o mundo por meio de uma projeção.

Para Heidegger, o isomorfismo – ou seja, a pressuposição da identidade formal entre os sistemas da linguagem e do mundo – é um dos eixos de sustentação da metafísica tradicional que a fenomenologia hermenêutica pretende desmontar. No início da conferência A *Origem da Obra de Arte* (1936), por ocasião da discussão sobre diferentes interpretações da entidade do ente apresentadas na tradição ocidental, Heidegger pergunta, numa observação próxima à terminologia do *Tractatus*, em que medida a concepção do ente como suporte de propriedades estaria relacionada com a concepção da proposição como síntese entre o sujeito lógico e seus predicados. De modo mais direto, as perguntas que formula são as seguintes:

---

28. A diferença entre figuração e espelhamento foi pouco explorada pelos intérpretes do *Tractatus*. No entanto, o termo espelhamento (*Spiegelung*) é a única pista conceitual para a determinação do caráter transcendental da lógica (*TLP* 6.13). A lógica espelha o mundo, é *Weltspiegelnde* (*TLP* – 5.551), é uma imagem especular [*Spiegelbild*] do mundo (*TLP* 6.13). Para uma discussão do caráter transcendental do *Tractatus* com base nessa noção, conferir: AQUINO, T., A Problemática do Espaço: Um Problema Kantiano no *Tractatus*, in: *Revista Philósophos*, Goiânia, UFG, 2015, v. 20, p. 37-64.

A significatividade da vida cotidiana

será que a estrutura da proposição enunciativa simples (a conexão sujeito e predicado) é a imagem especular [*Spiegelbild*] para a estrutura da coisa (união da substância com acidentes)? Ou não será antes que a representação da estrutura da coisa é projetada de acordo com a armação [*Gerüst*] da proposição?[29].

Para Heidegger, essa questão que problematiza o risco de transposição indevida entre estruturas lógicas e ontológicas é apenas "aparentemente crítica". A pergunta pelo que é primeiro e determinante na relação entre a estrutura da proposição e a estrutura do ente não está adequadamente formulada se não esclarecer o tipo de acesso ao ente que permitiria uma comparação capaz de solucionar o dilema. Em última instância, afirma Heidegger:

> nem a estrutura da proposição dá a medida para o projeto da estrutura da coisa, nem esta está pura e simplesmente espelhada [*abgespiegelt*] naquela. Ambas, a estrutura da proposição e a estrutura da coisa, provêm de uma fonte mais originária, tanto do ponto de vista de seu gênero [*Artung*] quanto de sua possível relação recíproca[30].

Não há um ponto de vista externo que permita observar a proposição e o estado de coisa, apenas um meio que sustenta sua relação, qual seja o âmbito de desvelamento da abertura do mundo.

Com base nesse comentário crítico podemos perceber que a fenomenologia hermenêutica, ao perguntar pela possibilidade de um discurso ontológico, pretende colocar-se fora dos parâmetros formulados no *Tractatus*. Sabemos que Wittgenstein também rejeita a possibilidade de um ponto de vista externo; pressuposto necessário para a pretensão de descrição da forma lógica (*TLP* 4.12). Todavia, pode-se afirmar a correlação entre estruturas lógico-linguísticas e estruturas ontológicas pelo fato de que a proposição mostra a forma lógica da realidade. Seja como for, Heidegger considera a própria ideia de uma

---

29. HEIDEGGER, M., Der Ursprung des Kunstwerkes, in: *Holzwege*, GA 5, Frankfurt, Vittorio Klostermann, 2003, p. 8; idem, *A Origem da Obra de Arte*, trad. Maria da Conceição Costa, Lisboa, Edições 70, 1990, p. 17.
30. Idem, Der Ursprung des Kunstwerkes, in: *Holzwege*, GA 5, p. 9; idem, *A Origem da Obra de Arte*, p. 17.

correlação inadequada. Não há garantia de que o acesso mais apropriado à problemática ontológica seja alcançado por intermédio da análise lógica dos elementos formais da linguagem.

A observação localizada no início de *Ser e Tempo*, anteriormente citada, sobre a ausência de uma gramática para o discurso ontológico indica que a verdadeira tensão entre linguagem e as pretensões ontológicas da fenomenologia nasce da *recusa em tomar as estruturas linguísticas como ponto de partida da investigação ontológica*. Esse ponto é fundamental. O fio condutor da interpretação fenomenológica do sentido do ser não é a estrutura lógica da proposição, mas a temporalidade originária. É justamente pela "substituição" da proposição pela temporalidade originária que a linguagem se torna efetivamente um desafio para as pretensões ontológicas da fenomenologia hermenêutica. Seria necessário responder a duas perguntas fundamentais: Como pode ser dito o tempo originário? Em que consiste a potência de desvelamento de linguagem se esta não repousa em sua dimensão formal (lógico-gramatical)?

A mencionada posição da fenomenologia hermenêutica está baseada num argumento acerca da relação entre ontologia e lógica. Numa preleção intitulada *Da Essência da Verdade*, ministrada no fatídico ano de 1933, Heidegger caracteriza o tratamento analítico-formal da linguagem como concepção lógico-gramatical da linguagem[31], tentando recuperar suas raízes na ontologia grega. O traço básico da ontologia grega antiga consiste em tomar o ser do ente nos termos da permanência simplesmente dada, ou seja, do subsistir imutável das formas inteligíveis. Com base nessa perspectiva ontológica, esse ente particular, que é a linguagem, também "[...] é algo dado, e assim divide-se e se dispõe segundo unidades e formas definidas; e, nisso, o que novamente importa é expor o que é mais constante e a configuração mais básica,

---

31. HEIDEGGER, M., *Sein und Wahrheit*, GA 36/37, Frankfurt, Vittorio Klostermann, 2001, p. 102; idem, *Ser e Verdade*, trad. Emmanuel Carneiro Leão, Petrópolis, Vozes, 2007, p. 115.

elementar e permanente, no sentido da concepção grega do ser"³². Em outras palavras, a lógica ocidental não permaneceu imune à perspectiva ontológica predominante na história da filosofia. Como acertadamente comenta Apel, também a ontologia do atomismo lógico é "uma versão – ainda que muito moderna e refinada – da 'ontologia do estar-presente do que está presente' (segundo a denominação do próprio Heidegger)"³³. A lógica desde o início está atrelada à ontologia da coisa, de modo que o recurso à estrutura formal da proposição, realizado pelo *Tractatus*, implicaria pressupor uma ontologia não problematizada.

A concepção lógico-gramatical da linguagem – típica da filosofia analítica na sua fase inicial –, desde a perspectiva da fenomenologia hermenêutica, pressupõe a ontologia do ser simplesmente dado. Tomando-a como um ente particular a ser examinado em suas estruturas formais específicas, a linguagem pode ser definida como o conjunto sistemático de sinais, organizado por regras e utilizado especialmente para a comunicação e descrição de estados de coisas. Por meio de abordagem analítica, o sistema de sinais ou código linguístico pode ser decomposto em seus elementos formais básicos. É evidente que essa concepção não pode ser considerada falsa, porque as investigações da lógica, da gramática e da linguística poderiam facilmente contradizer tal assertiva. Em vez de rejeitá-la em bloco, a crítica fenomenológica tenta apenas problematizar os limites dessa concepção, interrogando se a linguagem não pode ser algo mais do que um sistema de sinais correlacionado com as coisas do mundo. Será que a linguagem não revela outras faces, caso não seja pensada com base na ontologia da *Vorhandenheit* ou de sua dimensão formal?

Wittgenstein também reconhecerá posteriormente, por outros caminhos, os limites da abordagem meramente formal da linguagem. Essa alteração no entendimento da linguagem é acompanhada

---

32. Idem, *Sein und Wahrheit*, GA 36/37, Frankfurt, Vittorio Klostermann, 2001, p. 102-3; idem, *Ser e Verdade*, p. 115.
33. APEL, K.-O., Wittgenstein und Heidegger: Die Frage nach dem Sinn von Sein und der Sinnlosigkeitsverdacht gegen alle Metaphysik, in: *Transformation der Philosophie I*, p. 251; APEL, K.-O, *Transformação da Filosofia*, p. 296.

também de um abandono do pressuposto da existência de uma conexão entre a forma lógica da proposição e a armação ontológica do mundo. A noção de gramática – desenvolvida nos escritos posteriores –, entre outras coisas, visa justamente quebrar com a concepção de que linguagem e mundo são sistemas separados, mas correlacionados. Na verdade, o abandono do isomorfismo implica que nenhuma realidade extralinguística é relevante para articulação de sentido, pois o que está fundamentalmente em jogo no uso da linguagem não é a descrição de fatos ou estruturas ontológicas, mas o entender-se com os outros num contexto prático.

O exame das perspectivas de interrogação com base na problemática mediadora tornou evidente qual é a divergência que configura o campo de discussão em torno da possibilidade da filosofia. Se assumimos que o problema da determinação da natureza da filosofia é decidido por intermédio de uma reflexão sobre as relações entre linguagem e fenômenos, pode-se perceber uma clara diferença na avaliação acerca da capacidade da linguagem de revelar o ser enquanto tal, ou seja, de exibir estruturas ontológicas. Em última instância, essa divergência não será superada e pode ser considerada *o núcleo de discórdia insuperável desse diálogo*. Não há síntese possível nesta encruzilhada, pois as opções abertas pelo problema são excludentes.

Apesar da discordância sobre as possibilidades da linguagem e a relevância da ontologia no trabalho filosófico, Wittgenstein (nas *Investigações Filosóficas*) e Heidegger (em *Ser e Tempo*) convergem na decisão de situar a articulação de sentido da linguagem no "tapete da vida", para utilizar uma expressão do poeta Stefan George citada pelos dois pensadores[34]. Ambos concordam, em termos gerais, que o fenômeno da linguagem não é suficientemente compreendido quando tematizado unicamente por intermédio da análise de estruturas formais. Esse procedimento analítico isola a linguagem enquanto objeto

---

34. Cf. WITTGENSTEIN, L., Philosophische Untersuchugen, in: *Werkausgabe*, Frankfurt, Suhrkamp, 1984, v. 1, p. 489; HEIDEGGER, M., *Grundprobleme der Phänomenologie*, GA 58, Frankfurt, Vittorio Klostermann, 1993, p. 69.

abstrato de observação ao lhe retirar do seu lugar originário: a vida cotidiana. O verdadeiro solo da primeira articulação da significância para a linguagem é a interação humana concretizada em práticas específicas num contexto de significação. Contra a abstração formal, legítima dentro de certos parâmetros e propósitos, só nos resta reconhecer que concretamente encontramos a linguagem somente na fala cotidiana. Em concordância com Wittgenstein, Heidegger também reconhece esse fato ao comentar, na conferência *Hölderlin e a Essência da Poesia*:

> o ser do homem funda-se na linguagem; mas esta somente acontece propriamente na *conversação* [*Gespräch*]. Esta não é, no entanto, apenas um modo, como a linguagem se realiza, pois somente como conversa a linguagem é essencialmente. O que quer ademais entendamos como "linguagem", quer dizer, um repertório de palavras e regras de sintaxe, é apenas um primeiro plano da linguagem. Mas o que significa uma "conversa"? Evidentemente o falar com o outro sobre algo. Com isso o falar é o meio para chegar ao outro[35].

Se a linguagem possui relevância metodológica para o filosofar, então a discussão da possibilidade da ontologia por meio dos recursos da linguagem tem que retornar para a vida cotidiana, valorizando o fio tênue da conversação que a perpassa, porque é ali no interior das práticas sociais, das ocupações mundanas permeadas por uma tradição histórica e animada pela interação contínua entre falantes que se encontra a linguagem originalmente. É com base nesse contexto que sua densidade ontológica pode ser debatida mais concretamente. De certo modo, as diferenças na avaliação da tarefa da filosofia irão se evidenciar justamente na descrição das relações entre linguagem, vida cotidiana e pensamento filosófico.

---

35. HEIDEGGER, M., *Erläuterung zu Hölderlins Dichtung*, GA 4, Frankfurt, Vittorio Klostermann, 1996, p. 38-39.

I.3. A descrição da cotidianidade

É fundamental resguardar no exame da linguagem a ênfase na problemática ontológica desenvolvida até aqui, porque assim se torna mais clara a diferença na perspectiva de descrição da vida cotidiana em Heidegger e Wittgenstein. O cotidiano é determinado como tema privilegiado de análise, tanto pelo fato de configurar um espaço de atuação vital para o exercício do existir humano quanto pelo fato de ser o âmbito primeiro de estruturação do sentido por intermédio da linguagem. É por exigências metodológicas que a analítica existencial elege o cotidiano como tema privilegiado de descrição. É, antes de tudo, enquanto estratégia de exclusão de abordagens abstratas que a vida de todos os dias é tomada como solo fenomenal da análise da existência[36]. A cotidianidade possui relevância na medida em que configura um âmbito de uniformidade e regularidade mais propício para o olhar fenomenológico destacar "[...] não estruturas ocasionais e acidentais, mas sim estruturas essenciais, que se mantenham em todo modo de ser fático do ser-aí como determinantes de seu ser" (SZ, p. 16-17)[37]. A cotidianidade, modo no qual encontra-se a existência na maior parte das vezes, é o domínio da experiência mediana, marcada pelo nivelamento que a priva da diferença entre níveis de profundidade e propriedade. Em outras palavras, a vida cotidiana é fundamentalmente o modo corrente e usual de viver, imediato, regular, rotineiro; não é, portanto, o mero somatório dos dias, mas um modo de existir predominante. É necessário reconhecer o aspecto positivo desse predomínio do ordinário na medida em que envolve uma sedimentação inevitável do acontecer histórico da existência. Essa positividade determina o cotidiano

---

[36]. A indicação da cotidianidade como solo é explicitamente acompanhada do reconhecimento de que a cotidianidade analisada em *Ser e Tempo* não é a dos povos arcaicos, ditos primitivos, mas a de uma "cultura altamente desenvolvida e diferenciada". Cf. *SZ*, p. 50.

[37]. Sobre a relação entre cotidianidade enquanto solo fenomenal para o acesso às estruturas *a priori* do existir, denominadas neste contexto como estruturas pregnantes, afirma Heidegger: "a cotidianidade mediana não deve ser tomada apenas como um mero 'aspecto'. Também nela, e mesmo no modo da impropriedade, está [*liegt*] *a priori* a estrutura da existencialidade". Cf. idem.

enquanto solo extremamente propício para as interpretações fenomenológicas dos fenômenos existenciais.

Seria muito problemático interpretar a existência privilegiando situações extraordinárias e especiais fora desse parâmetro. Os instantes únicos e raros não podem evidenciar as determinações existenciais fundamentais a não ser em contraposição com a regularidade mediana da vida ordinária. Nesse sentido,

[...] no ponto de partida da análise, não se pode interpretar o ser-aí pela diferença de um modo determinado de existir. Deve-se, ao invés, descobri-lo pelo modo indeterminado em que, de início e na maior parte das vezes, ele se dá. Esta indiferença da cotidianidade do ser-aí não é um nada negativo, mas um caráter fenomenal positivo deste ente (*SZ*, p. 43).

Na estruturação da obra, portanto, a problematização da possibilidade do poder-ser mais próprio é precedida pela descrição da cotidianidade mediana dominada pelo impessoal e pelo falatório.

É também por exigências metodológicas que a cotidianidade se torna relevante para as *Investigações Filosóficas*, obra na qual o cotidiano não oferece o solo fenomenal para o acesso às estruturas ontológicas da existência humana, mas é tomado como referência principal para determinar o significado das palavras pela consideração do seu emprego nos jogos de linguagem. De fato, o uso cotidiano das palavras no interior das práticas sociais possui o *status* de instância primeira na explicação do sentido. O uso linguístico mais usual, corrente, ordinário da fala comum possui prioridade na determinação do sentido. Nas *Investigações Filosóficas*, por exemplo, as observações gramaticais feitas diante de um entendimento confuso, como é o caso do filósofo, são descritas como o procedimento de recondução das palavras do seu sentido metafísico ao seu emprego cotidiano (*IF*, § 116). A fala comum do dia a dia abriga a pátria da toda palavra, pois fora das circunstâncias comuns de aplicação as palavras e expressões caem no vazio, ficam sem chão e morada. A cotidianidade é, portanto, o âmbito no qual a linguagem encontra-se concretamente localizada. É condição necessária, pois, para a dissolução das ilusões gramaticais, saber que "nós temos que permanecer junto às coisas do pensamento cotidiano"

(*IF*, § 106). Enquanto atividade regulada por regras, os jogos de linguagem acontecem sempre na ambientação complexa da vida cotidiana (*IF*, § 235). Nessa perspectiva, o cotidiano também aparece como o domínio da normalidade, configurado por costumes e hábitos regulamentados, como o espaço de desdobramento da vida ordinária (*IF*, § 105). Com *Ser e Tempo* e as *Investigações Filosóficas*, a filosofia contemporânea realiza a descoberta do fenômeno da vida cotidiana, encontrando o lugar primeiro de formação do sentido, no qual linguagem, pensamento e a possibilidade do filosofar se entrelaçam sustentando a concretude da aventura humana. É com base nesse contexto que a existência conquista sua orientação básica e suas referências primeiras. Na perspectiva aberta nestes textos, a filosofia é inconcebível sem o esforço de apontar, por intermédio de descrições, para essa totalidade complexa e viva que engloba palavras e expressões, atividades e ocupações, reunindo todos os comportamentos de interação humana baseados no entendimento mútuo, além de um conjunto de entidades relevantes para as atividades pertinentes a cada contexto. A descoberta da vida cotidiana configura um modo possível de entender e realizar a conexão estrutural entre a filosofia e a vida.

São dois os conceitos fundamentais que guiam a descrição dos momentos constitutivos do cotidiano: ser-no-mundo e forma de vida. Em termos aproximativos, pode-se afirmar que esses conceitos tornam visível o fato de que nossa vida está sustentada por uma rede de relações significativas interconectadas, um *Sinnzusammenhang*. A expressão "pano de fundo" também pode ser aplicada para ressaltar a existência deste quadro de referência não tematizado. Nas palavras de Charles Taylor, trata-se "daquilo que não só não percebo [...], porque ele torna inteligível aquilo que incontestavelmente percebo, como, ao mesmo tempo, não o percebo explícita ou focalmente, porque este *status* já é ocupado por aquilo que ele está tornando inteligível"[38]. O pano de

---

38. TAYLOR, C., Lichtung ou Lebensform: paralelos entre Heidegger e Wittgenstein, in: *Argumentos Filosóficos*, São Paulo, Loyola, 1995, p. 81.

fundo, descrito por intermédio dos conceitos de mundo ou forma de vida, configura um âmbito de inteligibilidade, ou seja, de compreensão de sentido, na maior parte dos casos não explicitado que delimita a totalidade dos envolvimentos e relações cotidianas. Ainda que motivada por preocupações filosóficas distintas, tanto na analítica existencial quanto nas investigações gramaticais, descrever a vida cotidiana significa tornar explícito, por meio de conceitos, essa rede de relações significativas correlacionadas que permeia implicitamente o dia a dia. Não apenas para adquirirmos uma concepção a respeito deste âmbito, mas como parte de um processo de modificação da relação básica assumida por quem habita e vive a vida cotidiana.

O que os membros das comunidades linguísticas compartilham são mananciais de significações públicas, implícitas, herdadas como fonte com base na qual as mais diferentes maneiras de viver são desdobradas e concretizadas. Em virtude do contexto de sentido, toda experiência de encontro com o mundo acontece desde a perspectiva de uma totalidade de sentido *já* articulada em conceitos. De acordo com Wittgenstein, o universo de sentido é constituído por um sistema de crenças básicas (*DC*, § 102)[39], uma espécie de imagem de mundo que não necessita ser problematizada nem poderia ser em sua totalidade (*DC*, § 88). O sistema de crenças básicas configura uma rede conceitual que organiza as experiências cotidianas, entretanto o que transparece nessa imagem do mundo não é particular, mas público e histórico. A gramática que regulamenta os jogos de linguagem apresenta regras que nos foram transmitidas pela socialização, pelo treinamento e adestramento cultural. A inserção de cada indivíduo numa comunidade linguística implica um aprendizado necessário, ressalta nosso pertencimento a uma tradição histórica da qual recebemos um "pano de fundo herdado" [*überkommene Hintergrund*] (*DC*, § 94) que não

---

39. WITTGENSTEIN, L., Über Gewissheit, in: *Werkausgabe*, Frankfurt, Suhrkamp, 1984, v. 8; idem, *Da Certeza*, trad. António Fidalgo, Lisboa: Edições 70, 2000. O texto será citado com a abreviação *DC* e a indicação na numeração da observação mencionada.

questionamos, ao ponto de constatar: "a minha vida consiste em eu contentar-me com aceitar algumas coisas" (DC, § 344).

A analítica existencial também reconhece na base da familiaridade cotidiana um horizonte de sentido que, de início, não se anuncia (SZ, p. 75), não é discutido nem questionado em sua origem, formando, por consequência, um pano de fundo [*Hintergrund*][40] de compreensão das relações próprias de cada circunstância. Para Heidegger, essa forma imediata de relacionar-se com o mundo revela o caráter decaído, impessoal e impróprio da existência que se deixa compreender com base na tradição histórica, ao ponto de permitir uma regulação das suas possibilidades pelo passado existencial que não fica para trás, pois "é já a cada vez adiante dela mesma" (SZ, p. 20). O mundo, com sua historicidade, antecipa-se à existência na medida em que configura uma interpretação dominante que determina a cotidianidade como o domínio do já interpretado, pautado pela vigência da interpretação pública.

O fato de que o mundo já está interpretado, de que o vemos sempre desde a perspectiva da interpretação dominante, historicamente herdada, dá origem a vários problemas para a atividade filosófica que toma a descrição da vida cotidiana como seu ponto de partida. A formulação dos conceitos fundamentais de ser-no-mundo e a forma de vida para descrever o universo de sentido cotidiano visam justamente alterar o modo como nos movemos nesse sistema de crenças vigente, nessa interpretação dominante.

O conceito de forma de vida[41] é reconhecidamente vago. A escassez de ocorrências dessa expressão nos textos e manuscritos aumenta

---

40. HEIDEGGER, M., *Einleitung in die Philosophie*, GA 27, § 12, p. 77; idem, *Introdução à Filosofia*, São Paulo, Martins Fontes, 2008, p. 80.
41. Várias são as tentativas de recuperar, por meio de uma história das ideias, o surgimento desta expressão. De acordo com Ferber, as fontes de inspiração mais prováveis para o contato de Wittgenstein com esse conceito são duas obras da época: *Lebensform* (1922), de Sprangers, e *Lebensformen* (1911), de Fred. Cf. FERBER, R., "Lebensform" oder "Lebensformen"? Zwei Addenda zur Kontroverse zwischen N. Garver und R. Haller, in: Puhl, Klaus (Ed): Wittgenstein Philosophie der Mathematik. *Akten des 15. Internationalen Wittgenstein Symposiums*, Wien: Hölder – Pichler – Tempsky, 1992,

ainda mais a dificuldade de esclarecimento do seu significado. A princípio, pode-se reconhecer que a expressão ressalta, por meio do uso do termo "forma", que a vida, mesmo sendo plural e múltipla, está ordenada em tipos de comportamento e ação. No geral, a expressão "forma de vida" é justamente aplicada para dar ênfase ao fato de que as comunidades linguísticas são permeadas por um conjunto de práticas sociais institucionalizadas pela cultura e história.

Apesar disso, a noção possui uma dupla aplicação porque oscila entre ser entendida enquanto determinação antropológica, ou seja, exclusiva do ser humano em sua configuração sócio-histórica, e ser também uma característica biológica compartilhada por outras espécies de seres vivos. Convergindo com esta última acepção, é constante na obra de Wittgenstein a afirmação do pertencimento do ser humano ao domínio natural; a linguagem, inclusive, é encarada como parte do organismo humano (*TLP* 4.002); o falar e o dizer como momentos da história natural (*IF*, § 25). Se o núcleo das formas de vida são os comportamentos e estes pertencem à história natural, então há necessariamente uma base biológica referente a cada espécie em particular, pois os outros animais também teriam formas de vida não humana inacessíveis a nós[42].

Não há, no entanto, oposição entre os aspectos sociais e naturais da forma de vida, porque até mesmo o conceito de história natural da humanidade é pensado por Wittgenstein em termos antropológicos em virtude do caráter convencional das práticas. A convenção que permeia toda forma de vida humana mostra claramente a presença de um acordo (*IF*, § 241) não apenas de opiniões, mas fundamentalmente nos juízos (*IF*, § 242). Esse acordo indica que há, em toda forma de vida, um sistema compartilhado de conceitos comuns conectado com

---

p. 270. De fato, parece que a expressão possuía algum grau razoável de circulação, pois há pelo menos uma ocorrência na obra de Heidegger, num trecho que tematiza o que posteriormente será chamado de estrutura prévia da compreensão. Cf. HEIDEGGER, M., *Grundprobleme der Phänomenologie*, GA 58, p. 239.
42. WITTGENSTEIN, L., Philosophische Untersuchungen, in: *Werkausgabe* II, xi, v. 1, p. 578; idem, *Investigações Filosóficas*, Petrópolis, Vozes, 2009, II, xii, p. 295.

o conjunto de comportamentos rotineiros encontráveis nas circunstâncias cotidianas. O acordo que toda forma de vida sustenta delimita modos de ação, o que é feito e como é feito, demarca regularidades, define a normalidade dos hábitos.

Enquanto se referem efetivamente às práticas sociais concretas, as formas de vida são fatos que devem ser aceitos; dados primários incontornáveis. São fatos primordiais que pela sua originariedade não remetem a nada de anterior. De acordo com Wittgenstein, nas *Observações sobre a Filosofia da Psicologia*:

> ao invés do indecomponível, específico, indefinível: o fato de que nós agimos deste ou daquele modo, por exemplo, *punimos* determinadas ações; *constatamos* os fatos de certo modo, *damos ordens*; fazemos relatórios, descrevemos cores, nos interessamos pelos sentimentos dos outros. O que deve ser aceito [*Das hinzunehmende*], dado – pode-se dizer – são os fatos da vida/formas de vida[43].

É interessante notar que nesta passagem[44] a noção de forma de vida aparece praticamente como sinônimo de fatos da vida, inclusive no sentido do que não pode ser efetivamente escamoteado, do que só pode ser constatado.

Para Haller, "a expressão 'fatos da vida', nesse contexto, designa aquilo que de fato ocorre, como o que se coloca em oposição àquilo que desejamos dizer e àquilo para o qual somos atraídos, por meio da linguagem e de nossos hábitos intelectuais"[45]. O que cada forma de vida impõe como um dado que temos que aceitar é o fato de que agimos de certas maneiras, de que nosso cotidiano é um entrelaçamento de atividades múltiplas configuradas em hábitos, instituições e costumes que

---

43. Idem, Bemerkungen über die Philosophie der Psychologie, in: *Werkausgabe*, Frankfurt, Suhrkamp, 1984, § 630, v. 3, p. 122.
44. Ela aparece reformulada no manuscrito que foi inadequadamente publicado como segunda parte das *Investigações Filosóficas*. WITTGENSTEIN, L., Philosophische Untersuchungen, in: *Werkausgabe*, II, xi, p. 572, v. 1; *Investigações Filosóficas*, Petrópolis, Vozes, 2009, II, xii, p. 292: "O que deve ser aceito, o dado – poder-se-ia dizer – são formas de vida".
45. HALLER, R., *Wittgenstein e a Filosofia Austríaca*: Questões, São Paulo, Edusp, 1990, p. 137.

não possuem uma justificativa racional. É no rico contexto das formas de vida que acontece a "prática cotidiana do jogar" (*IF*, § 197), com base em sua imersão na facticidade opaca do "é assim que vivemos"[46].

Até mesmo os jogos de linguagem fictícios pressupõem esse caráter primário, pois oferecem um objeto de comparação capaz talvez de iluminar as práticas efetivas (*IF*, § 130).

O caráter factual das formas de vida, já visualizado anteriormente na discussão do conceito do jogo feita na seção I.1. deste capítulo, contrapõe-se à dimensão ontológica do conceito fenomenológico de mundo que o torna irredutível à mera factualidade do que é "dado". É evidente que a fenomenologia hermenêutica reconhece que toda existência está sempre inserida num contexto vital. De fato, o conceito de mundo, na sua acepção ôntico-existenciária, descreve "aquilo no qual [*worin*] 'vive' um ser-aí fático enquanto tal" (*SZ*, p. 65)[47]. Ser-no-mundo tem como sentido básico uma relação de envolvimento, configurando um habitar junto ao que é próximo. Buscando indicações na etimologia da língua alemã, Heidegger relembra, esclarecendo a expressão ser-no-mundo [*In-der Welt-sein*], que:

> "em" [*in*] deriva de innan-, morar, *habitare*, deter-se; "*an*" significa: eu estou acostumado, familiarizado com, eu cultivo algo; tem o significado de *colo*, no sentido de *habito* e *diligo*. Este ente, ao qual pertence o ser-em, nesse sentido, é o ente que a cada vez sou eu mesmo. A expressão "sou" [*bin*] conecta-se com "junto a" [*bei*]; "eu sou" quer dizer, por sua vez: eu moro, me detenho junto ao... mundo, como o que me é, deste ou daquele modo, familiar (*SZ*, p. 52).

No entanto, a caracterização do fenômeno do ser-no-mundo enquanto "contexto vital" tem que ser complementada pelo conceito ontológico-existencial. Do contrário, sua relação com o acontecimento da transcendência do existir permaneceria encoberta.

---

46. A aceitação das formas de vida como dados não tem relação com resignação política nem com conservadorismo, pois se trata do simples reconhecimento das diversas maneiras de viver e conviver.
47. Neste mesmo contexto, conferir a análise da polissemia da palavra *mundo* e suas acepções principais.

Na diferenciação entre os conceitos de forma de vida e mundanidade importa perceber no jogo originário da formação do mundo a possibilitação da existência fática. No significado transcendental, o ser-no-mundo não descreve formas de vidas particulares, factualmente dadas, pois se refere à estrutura *a priori* da mundanidade em geral. Apesar do reconhecimento de que a cotidianidade descrita em *Ser e Tempo* pertence a uma "cultura altamente desenvolvida e diferenciada" (*SZ*, p. 50)[48], as conquistas da analítica existencial não estão restritas ao que é próprio a uma forma de vida específica: por exemplo, aquela experimentada pelas primeiras comunidades cristãs ou pelos povos originários da América. De acordo com Heidegger, enquanto caractere ontológico fundamental da existência, "a mundanidade mesma é modificável na respectiva totalidade estrutural de 'mundos' específicos [*besonderer*], encerrando em si, no entanto, o *a priori* da mundanidade em geral" (*SZ*, p. 65)[49]. No interior da diversidade possível de mundos sócio-históricos fáticos, a analítica existencial pretende encontrar estruturas determinantes e fundamentais.

A mundanidade em geral é a estrutura fundamental da constituição ontológica da existência, na medida em que "este '*a priori*' da interpretação do ser-aí não é uma determinação reconstruída de fragmentos, mas uma estrutura originária e sempre total" (*SZ*, p. 41). O conceito de *a priori* está entre aspas neste trecho para esclarecer que o compromisso com o apriorismo não implica uma metodologia baseada na construção apriorística dos fenômenos; ao contrário disso, o modo de acesso fenomenológico às estruturas *a priori* acontece sempre

---

48. Toda etnografia ou antropologia já pressupõe, afirma Heidegger, uma concepção prévia, ainda que não desdobrada, da existência humana. As ciências humanas em geral estão baseadas numa antropologia filosófica que lhe fornece fundamentos ontológicos. A analítica existencial pode, ainda que esta não seja sua tarefa principal, ser tomada como um esboço de antropologia filosófica na medida em que trabalha também em virtude da "liberação do *a priori*, que tem que ser visível, a fim de possibilitar a discussão filosófica da questão 'o que é o homem'". Cf. *SZ*, § 9, p. 45.

49. Os mundos específicos podem ser tanto contextos sócio-históricos (mundo grego, mundo dos ianomâmis), quanto os espaços sociais (mundo privado-mundo público), quanto totalidades de sentido da existência (mundo da criança, mundo feminino) etc.

com base em experiências concretas. Nessa perspectiva esclarecedora é possível afirmar então que "o 'apriorismo' é o método de toda filosofia científica, que se compreende a si mesma. Porque não tem nada a ver com construção, a pesquisa do *a priori* exige a preparação do solo fenomenal. O horizonte mais próximo a ser preparado para a analítica do ser-aí é o de sua cotidianidade mediana" (*SZ*, p. 50)[50].

As estruturas da existência descritas pela fenomenologia hermenêutica possuem uma dimensão ontológica, de modo que:

> o discurso que trata do ser-no-mundo não é a constatação da ocorrência fática de ser-aí; não é de nenhum modo um enunciado ôntico. Ele refere-se a um estado de coisas essencial que determina o ser-aí em seu ser e tem como consequência o caráter de uma tese ontológica. Por conseguinte, o que importa: o ser-aí não é um ser-no-mundo porque e apenas porque existe faticamente; mas, pelo contrário, ele só *pode ser* enquanto existente, isto é, como ser-aí, *porque* a sua constituição essencial reside no ser-no-mundo[51].

Não se trata, na perspectiva fenomenológica, de constatar, pura e simplesmente, que "este jogo de linguagem é jogado" (*IF*, § 654), pois as formas de vida factuais não são vistas como o primário a ser aceito, mas como diferentes concreções dos existenciais, ou seja, das estruturas ontológicas do existir.

Todas as características principais da existência humana expostas na analítica existencial não são propriedades subsistentes que poderiam ser atribuídas a coisas dadas, mas a modos de ser, ou seja, estruturas somente encontráveis no concreto acontecer histórico-temporal do existir. Os existenciais são caracteres ontológicos que determinam um ente desprovido da quididade (*essentia*) na medida em que existe sob a forma do poder-ser. Não são estruturas conceituais universais-abstratas capazes de caracterizar em geral uma existência qualquer, classificando-a

---

50. A proximidade do mundo circundante deve ser compreendida com base em sua relação com a cotidianidade: "O mundo mais próximo do ser-aí cotidiano é o mundo circundante". Cf. *SZ*, § 14, p. 66; *ST I*, p. 107.
51. HEIDEGGER, M., Vom Wesen des Grundes, in: *Wegmarken*, GA 9, p. 141; idem, A Essência do Fundamento, in: *Marcas do Caminho*, Petrópolis, Vozes, 2008, p. 153.

como caso particular de um conjunto, mas estruturas universais-concretas unicamente compreensíveis no exercício do existir.

Há uma clara relação de possibilitação entre a essência e a existência fática. A facticidade não é apenas ocasionalidade, um estar situado na atualidade desta ou daquela forma de vida, pois a existência, lançada no mundo, experimenta o ter-que-ser, entregue à sua responsabilidade, em meio à totalidade do ente. A noção de facticidade do ser-aí tem que ser lida de tal forma a permitir "que esse ente possa se compreender como ligado em seu 'destino' ao ser do ente que lhe vem ao encontro dentro do próprio mundo" (*SZ*, p. 56). Do ponto de vista fenomenológico, o vínculo constitutivo entre a existência fática e a totalidade do ente não é um dado resultante de uma mera justaposição posterior nem um posicionamento que emerge da história natural, mas um "como" do existir que é possibilitado *a priori* pela transcendência. Para *poder estar* faticamente no mundo como ser-aí, e não como um fato bruto, é necessário *ser* mundano, ou seja, ser constituído ontologicamente de tal modo a poder habitar, morar, deter-se, envolver-se num contexto de vida específico.

Em consequência da possibilitação transcendental, a existência humana justamente enquanto ser-no-mundo não pertence propriamente à natureza. Na transcendência, acontece a história, de tal modo que a existência está "enquanto transcendente para além da natureza, ainda que faticamente permaneça rodeado por ela. Enquanto transcendente, quer dizer, enquanto livre, o ser-aí é algo estranho à natureza"[52]. Apesar de mundana, a existência humana extrapola a natureza,

---

52. HEIDEGGER, M., *Metaphysische Anfangsgründe der Logik im Ausgang von Leibniz*, GA 26, Frankfurt, Vittorio Klostermann, 1978, § 11, p. 212. Na *Carta sobre o Humanismo*, Heidegger afirma que "o corpo humano é algo essencialmente diferente do organismo animal". Cf. idem, Brief über den Humanismus, in: *Wegmarken*, GA 9, p. 324; ver também idem, Carta sobre Humanismo, in: *Marcas do Caminho*, p. 337. Posteriormente, neste mesmo texto, acrescenta que o ser vivo, se se parece conosco, está separado por um abismo de nossa essência determinada pela transcendência. Essa separação radical com a natureza permite intuir que "a essência do divino nos seria mais próxima do que esse aspecto estranho dos seres vivos, mais próximo no sentido de uma distância essencial que, enquanto distância, é de certo modo mais familiar à nossa essência ek-sistente do que esse parentesco físico, abissal com o animal, quase

inaugurando a história humana enquanto irrupção em meio à totalidade do ente de uma abertura extraordinária em descontinuidade com a história natural.

É evidente que a diferença na perspectiva de interpretação da vida cotidiana tem como origem a formulação da tarefa central da filosofia. A orientação básica do olhar é determinada por motivações filosóficas distintas, de um lado, a repetição histórica da questão do sentido do ser, do outro, o esclarecimento gramatical dos jogos de linguagem para dissolução de pseudoproblemas. É com base em tais tarefas investigativas que a vida cotidiana, enquanto ambiente significativo de realização de atividades, torna-se relevante para o filosofar. Essa diferença impõe uma inevitável visão crítica acerca da abordagem alternativa. Desde o ponto de vista fenomenológico, a descrição das formas de vida realizada nas *Investigações* problematiza a cotidianidade apenas numa perspectiva ôntico-existenciária. Por sua vez, a pretensão fenomenológica de encontrar estruturas ontológicas no cotidiano pode ser desmascarada pelas investigações gramaticais como uma ilusão gerada pela fascinação de palavras como "ser", "sentido" e "mundanidade".

Resguardadas as diferenças, as duas análises são convergentes na afirmação de que a vida cotidiana pode ser pensada como um conjunto de atividades rotineiras, sustentada pelo pano de fundo prévio de um universo de sentido historicamente transmitido. Podemos destacar, para fins do diálogo, a circunstancialidade e o envolvimento prático como os momentos mais importantes do fenômeno da vida. Realmente, sobressai como convergência principal a concepção de que a vida é antes de tudo "ação". Torna-se imprescindível, portanto, esclarecer a natureza da dimensão ativa da cotidianidade e de seu papel dentro dos projetos de interrogação de Heidegger e Wittgenstein. A apreensão da noção de atividade no sentido amplo de que nos encontramos

---

impensável". Idem, p. 326, 338-339. É digno de nota que a essência do divino seja pensada aqui como externa à natureza, estranha aos animais, estando unicamente ligada à história humana sustentada pela transcendência. O estranhamento da existência diante da natureza na qual é lançada irá configurar também a compreensão ontológico-existencial da familiaridade cotidiana. Cf. a seção III.2 deste livro, p. 121.

no mundo por meio do envolvimento prático, e não por mediação da observação que constata relações factuais, é insuficiente. Unicamente uma problematização do sentido da *vita activa* pode resguardar a interpretação da mera justaposição genérica e demarcar as diferenças mais significativas.

I.4. Dimensão prática e a significação linguística

A extraordinária valorização da dimensão ativa da vida presente em *Ser e Tempo* e nas *Investigações Filosóficas* tem levado vários intérpretes – na sua maioria, norte-americanos – a desenvolver uma leitura da analítica existencial com inspiração no pensamento pragmatista e/ ou marxista. De acordo com o comentário de Stern, "essa interpretação [*construal*] de Heidegger, que enfatiza a dimensão social e pragmática da concepção de cotidiano de *Ser e Tempo*, está em amplo acordo com trabalhos recentes feitos nessas linhas por Brandom, Dreyfus, Haugeland, Okrent, Richardson, Rorty e outros"[53]. Essa linha de interpretação é por vezes tão forte que Habermas, por exemplo, em *O Discurso Filosófico da Modernidade*, dispensa um exame da descrição fenomenológica do mundo circundante empreendida na analítica existencial com base no argumento de que não é necessário "aprofundar essas análises (§§ 14-24), uma vez que não vão além do que foi alcançado no pragmatismo, de Peirce até Mead e Dewey. Original é o uso que Heidegger faz desse conceito de mundo para uma crítica da filosofia da consciência"[54]. A afirmação de Habermas é questionável, independentemente de qualquer cálculo comparativo entre as "conquistas"

---

53. STERN, D., Heidegger and Wittgenstein on the Subject of Kantian Philosophy, in: KLEMM, David E.; ZÖLLER, Günter (Hg.), *Figuring the Self: Subject, Absolute, and Others in Classical German Philosophy*, Albany, Suny Press, 1997, p. 259: "this construal of Heidegger, which stresses the social and pragmatic dimension of his conception of the everyday in *Being and Time*, is in broad agreement with recent work along these lines by Brandom, Dreyfus, Haugeland, Okrent, Richardson, Rorty, and others".
54. HABERMAS, J., *Der philosophische Diskurs der Moderne*, Frankfurt, Suhrkamp, 1985, p. 176; *O Discurso Filosófico da Modernidade*, trad. Luiz Sérgio Repa e Rodnei Nascimento, São Paulo, Martins Fontes, 2000, p. 209-210.

A significatividade da vida cotidiana

do pragmatismo e da fenomenologia hermenêutica, porque não determina claramente a função dessa descrição na "arquitetônica" de *Ser e Tempo*. É preciso considerar que a descrição fenomenológica do mundo circundante é um recurso metodológico para um propósito ulterior, e não um fim em si mesmo. Somente com base numa avaliação do lugar da análise do mundo circundante se torna possível determinar não apenas a relação de Heidegger com o pragmatismo e com o marxismo, mas, antes de tudo, delimitar mais claramente a abordagem do fenômeno da linguagem em *Ser e Tempo*.

Com relação à questão da natureza da dimensão prática da vida cotidiana, a analítica existencial apresenta uma descrição mais desenvolvida e articulada que as investigações gramaticais. Como observa corretamente Stern, Wittgenstein:

[é] profundamente suspeito diante da própria ideia de que a estrutura de nossas vidas se presta à formulação sistemática; grande parte da literatura secundária sobre "formas de vida" é mais bem entendida como uma tentativa de encontrar formas de reapropriação de suas ideias antissistemáticas no interior de um sistema filosófico reconhecível[55].

Nesse sentido, não encontramos em Wittgenstein o pressuposto de que a diversidade de atividades que envolvem a práxis linguística tenha caráter estrutural. O acesso a essa totalidade denominada forma de vida, enquanto conjunto de atividades que fornecem o pano de fundo para os jogos de linguagem, permanece sempre provisório e problemático. Sem perseguir uma sistematicidade final, as investigações

---

55. STERN, D., Heidegger and Wittgenstein on the Subject of Kantian Philosophy, in: KLEMM, David E.; ZÖLLER, Günter (Hg.), *Figuring the Self: Subject, Absolute, and Others in Classical German Philosophy*, p. 251. Está claro que Heidegger também não pretende erigir um sistema filosófico, no entanto a pretensão de indicar discursivamente estruturas ontológicas *a priori* implica que as descrições tentem apresentar, de maneira mais insistente que as investigações gramaticais de Wittgenstein, a unidade dos fenômenos descritos. Além das diferenças anteriormente ressaltadas com relação ao fenômeno do jogo e de atividade, podem-se perceber as diferenças na determinação conceitual comparando o tratamento dado aos fenômenos da pergunta (*ST*, § 2/*IF*, § 24) e dos instrumentos (*ST*, § 15/*IF*, § 14). Outros exemplos poderiam ser acrescentados.

gramaticais reconhecem que a linguagem não é demarcável numa totalidade fixa, podendo ser concebida como uma cidade em contínua expansão (*IF*, § 18). Essa flexibilidade e essa abertura não impedem a afirmação de que cada jogo de linguagem esteja organizado enquanto entrelaçamento entre uso de palavras e atividades práticas não linguísticas, como a construção (*IF*, § 2). São as práticas sociais não linguísticas que determinam os "diversos modos de emprego disso tudo, que denominamos 'sinal', 'palavras', 'proposições'" (*IF*, § 23). Essa relação evidencia que critério opera na identificação dos comportamentos nas formas de vida: atividade é toda e qualquer prática não linguística pertencente a uma forma de vida e relevante na determinação da função e finalidade do uso dos sinais. As atividades são múltiplas, como são múltiplas também as formas de vida.

Em contraposição a essa orientação metodológica, a analítica existencial procura destacar a ocupação como modo primário de envolvimento com o mundo. O termo "ocupação" [*Besorgen*], de maneira bastante abrangente, designa todo "o ser possível de um ser-no-mundo" (*SZ*, p. 57). Em virtude de sua abrangência, esse vocábulo inclui tanto modos positivos, como fazer, realizar, contemplar, produzir, organizar, quanto modos deficientes, tais como desconsiderar, omitir, perder, descansar, relevar etc. Nesse sentido, a ocupação não deve ser identificada nem com o fenômeno do trabalho produtivo, investigado por Marx na economia política, nem com o conceito ético-político de ação. Como índice da amplitude desse conceito, vale ressaltar que até mesmo o comportamento teórico é um modo de ocupação.

É arriscada, portanto, a referência à expressão "*vida activa*" na interpretação da analítica existencial, caso esse conceito favoreça a compreensão da ocupação como o comportamento prático em distinção ao comportamento teórico. Heidegger observa que "este título não foi escolhido porque o ser-aí é de início e em grande medida econômico e 'prático', mas porque o ser do ser-aí mesmo deve tornar-se visível enquanto *cuidado*" (*SZ*, p. 57). A analítica existencial evita a separação abstrata entre os diversos tipos de comportamento, como o caso da clássica distinção entre teoria e práxis, na tentativa de encontrar em cada comportamento possível a estrutura do cuidado. O termo "*Dasein*"

A significatividade da vida cotidiana

foi escolhido justamente para destacar que esse ente que nós somos não será concebido primariamente nem pelas cogitações nem pelas ações, mas por meio do exercício do existir. Nas palavras do próprio Heidegger, o termo foi escolhido para designar esse ente que somos numa "pura expressão de ser" (*SZ*, p. 12)[56]. O *Dasein*, portanto, não é nem o observador contemplativo que teoriza nem o agente envolvido que intervém nas circunstâncias. O existir sob a forma do cuidado é mais primário que o agir e o pensar no sentido corrente dos termos. Na analítica existencial, o ser humano revela-se antes de tudo como *homo curans*. Por causa da ênfase na dimensão ontológica, é preciso cuidado hermenêutico ao interpretar o uso do termo "práxis" na terminologia de *Ser e Tempo*. No contexto da análise do mundo circundante, este vocábulo torna-se relevante porque sua etimologia contém uma indicação a respeito da nossa relação primeira com o mundo. O fato de que na língua grega a palavra para coisas em geral seja *pragmata* revela uma sensibilidade para o modo predominante de comportamento com relação ao mundo que seria a *praxis*[57]. Esse indício linguístico, que obviamente não prova nada do ponto de vista fenomenológico, chama apenas a atenção para o fato de que o ente que vem primeiro ao nosso encontro e com o qual lidamos rotineiramente não são objetos científicos nem coisas naturais, mas utensílios, instrumentos, coisas de uso. Parece-me, entretanto, que o papel metodológico exercido pela análise do mundo circundante como estratégia de acesso ao fenômeno da mundanidade indica que o que está em questão não é a alteração da balança entre o teórico e o prático. Heidegger, aliás, considera que essa distinção pode gerar uma dicotomia problemática[58].

---

56. Posteriormente observa: "Evitamos, propositadamente, o termo 'agir' [*Handeln*]". Cf. *SZ*, p. 300.
57. Cf. também HEIDEGGER, M., *Ontologie (Hermeneutik der Faktizität)*, GA 63, Frankfurt, Vittorio Klostermann, 1995, p. 27. Nesse contexto, Heidegger comenta que o mundo é encontrado antes de tudo "na lida da *práxis*, na ocupação no sentido amplo". A meu ver, o "sentido amplo", mencionado aqui, corresponde à abrangência da aplicação do termo "ocupação".
58. No final do § 63, discutindo a inevitabilidade de "pressuposições" na ontologia do ser-aí por causa da circularidade hermenêutica, Heidegger comenta que "o objeto

A descrição do mundo circundante não pretende revelar o ser humano como *homo faber*, mas indicar que na lida da ocupação [*besorgende Umgang*] própria do cotidiano acontece compreensão de ser, ou seja, que o comportamento humano é necessariamente descobridor em virtude da transcendência. O alvo final da análise do mundo circundante não consiste em descrever

[...] como nós lidamos com garfos e facas. Ela deve mostrar que e como a transcendência do ser-aí – ser-no-mundo – está na base [*zugrunde*] de toda lida [*Umgang*] com o ente, para a qual, justamente, parece como se houvesse apenas o ente. Com ela, *acontece o projeto* do ser do ente em geral, ainda que velado e na maior parte das vezes indeterminado, de tal modo que este manifesta-se, de início e na maior parte não articuladamente, como compreendido na totalidade. Todavia, a *diferença* entre ser e ente permanece *enquanto tal* velada[59].

Complementando essas considerações, Heidegger esclarece no tratado *Essência do Fundamento* que não é adequado reduzir o mundo ao "nexo ôntico entre coisas de uso, utensílios", nem mesmo com "a lida com coisas de uso"[60], pois o que está em questão é o fenômeno da transcendência. Quando destaca a centralidade da vida cotidiana como solo fenomenal da analítica existencial, importa para Heidegger, antes de tudo, tornar visível que

em todo comportar-se e ser para com o ente enquanto ente já está sempre inserido *a priori* um enigma. O fato de que vivemos sempre numa compreensão de ser e o sentido do ser estar, ao mesmo tempo, envolto em obscuridade demonstra a necessidade de princípio de se repetir a questão sobre o "sentido" de ser (*SZ*, p. 4).

---

temático é *recortado de modo dogmático e artificial* quando, de 'início', é restrito a um 'sujeito teórico' para então, 'de acordo com o lado prático', complementá-lo, acrescentando-lhe uma 'ética'". Cf. *SZ*, 316.
59. HEIDEGGER, M., *Kant und das Problem der Metaphysik*, GA 3, Frankfurt, Vittorio Klostermann, 1991, § 43, p. 235.
60. HEIDEGGER, M., Vom Wesen des Grundes, in: *Wegmarken*, GA 9, p. 155; idem, A Essência do Fundamento, in: *Marcas do Caminho*, p. 168.

A significatividade da vida cotidiana

As atividades cotidianas são importantes somente à medida que deixam entrever a presença dessa abertura enigmática para o ser no interior dos acontecimentos mais corriqueiros, pois abrem a problematização da densidade ontológica envolvida em todo sentido. A analítica existencial tem como intenção descrever a existência com base na experiência ontológica que permeia seus comportamentos, *inclusive* no caso específico da descoberta do ser do utensílio no uso. É unicamente por meio da abordagem ontológica da ocupação que um diálogo entre Heidegger e o marxismo ou pragmatismo pode tornar-se produtivo.

Além dessas observações explícitas a respeito da função metodológica da análise do mundo circundante, podemos perceber em que medida a descrição do contexto de ocupação do mundo circundante difere da mera ênfase na ação ou no trabalho, se problematizarmos como a linguagem está sempre envolvida em diferentes formas de lida com o mundo. Esse fato pode sugerir que a ênfase no prático também atinge a linguagem, de tal modo que seria possível descrevê-la em sua completude no horizonte da relação prática de aplicação e emprego. A linguagem seria, neste entendimento, um conjunto de sinais a serviço das urgências cotidianas.

É bastante claro que Wittgenstein entende a linguagem justamente nessa perspectiva do emprego, apresentando uma concepção "funcionalista" nas *Investigações Filosóficas*, obra em que estabelece uma conexão entre significado e uso, afirmando o seguinte: "pode-se, para uma *grande* classe de casos – embora não para *todos* – de utilização da palavra 'significado', explicá-la assim: o significado de uma palavra é seu uso na linguagem" (*IF*, § 43). A concepção de que o significado das palavras e expressões tem a ver com seu emprego em circunstâncias práticas particulares é ilustrada nas *Investigações* por meio da analogia entre linguagem e instrumento (*IF*, § 11). Palavras são como ferramentas que utilizamos para realizar determinadas finalidades. O propósito que determina o papel que as palavras irão desempenhar na práxis linguística não é linguístico, mas predeterminado e estabelecido por uma particular forma de vida. Dito de outro modo, o que dá articulação ao todo da relação entre a linguagem e as atividades é a forma de vida que as envolve.

Num certo sentido, em *Ser e Tempo* a linguagem também é concebida como um instrumento por exercer diversas funções em cada contexto mundano. Apesar de não explorar as diversas finalidades e os usos concretamente, como faz Wittgenstein nas *Investigações (IF, § 23)*, Heidegger reconhece que a linguagem, entendida como a totalidade das palavras, "pode ser encontrada enquanto ente intramundano como um ser-à-mão (*Zuhandenes*)" (*SZ*, p. 161). No cotidiano, a conversação a respeito de urgências e empreendimentos das ocupações configura um "discurso ôntico" (*SZ*, p. 147), cujo conteúdo são situações e aspectos dos entes encontrados na maior parte das vezes em situações práticas. Nessa atitude cotidiana, a existência humana de fato recorre a palavras, sinais e expressões em conexão com diferentes conjunturas de ocupação, preenchendo diferentes funções. O que resta saber é se essa presença da linguagem nas conversações cotidianas revela sua estrutura ontológica, ou seja, nos deixa ver como e o que a linguagem é essencialmente.

Ainda que reconheça que a linguagem pode ser encarada como um instrumento, Heidegger rejeita a redução do fenômeno da linguagem a esse aspecto utilitário. Em diferentes contextos, afirma o seguinte:

> a essência da linguagem não se esgota em ser um meio para o entendimento mútuo. Com essa determinação não encontramos sua essência própria, mas apenas mencionamos uma consequência de sua essência. A linguagem não é apenas uma ferramenta que o homem possui, entre outras, senão que a linguagem é que concede primeiro a possibilidade de estar em meio à abertura do ente. Apenas onde há linguagem há mundo, quer dizer: o círculo sempre mutante de decisão e obra, de ação e responsabilidade, mas também de arbitrariedade, barulho, decadência e confusão. Somente onde vigora mundo, há história. A linguagem é um bem num sentido mais originário. Ela é boa para isto, quer dizer: garante que o homem possa *ser* histórico. A linguagem não é uma ferramenta disponível, mas aquele acontecimento que dispõe da mais alta possibilidade do ser homem[61].

---

61. HEIDEGGER, M., *Erläuterung zu Hölderlins Dichtung*, GA 4, p. 37-8.

A significatividade da vida cotidiana

A essência da linguagem não repousa na disponibilidade de um código linguístico para o uso, mas sim na configuração da significância do mundo enquanto âmbito da existência histórica, enquanto lugar da experiência ontológica. Para alcançarmos a essência da linguagem é necessário esclarecer sua relação com o mundo enquanto totalidade significativa; não basta indicar seu lugar funcional nas práticas cotidianas.

Em *Ser e Tempo*, a linguagem recebe uma abordagem ontológico-existencial, sendo consequentemente pensada com base em sua relação constitutiva com a abertura, ou seja, a da compreensão disposta do ser. É a relação entre linguagem e abertura que restringe a abrangência da concepção funcionalista ao mostrar que há uma dependência dos aspectos pragmáticos a aspectos mais fundamentais de abertura do mundo de significações. A expressão "abertura" [*Erschlossenheit*] pode ser lida como uma provocação diante da noção moderna de subjetividade, implicando a superação do aprisionamento do eu inaugurado pelo subjetivismo moderno. Afirmar que o ser-aí é abertura significa dizer que não estamos encapsulados na imanência da consciência nem fechados na esfera da interioridade, pois a existência está já fora de si, é ek-stática, ou seja, mundana. Transparece aqui um anticartesianismo bastante afim ao tratamento gramatical dado às ilusões de que a esfera de intimidade formada por vivências pessoais inacessíveis aos outros seja o referencial semântico decisivo.

A respeito da conexão essencial entre abertura e linguagem, afirma Heidegger em *Ser e Tempo* no § 34, intitulado ser-aí e discurso: "O ser-aí possui linguagem. [...] O homem se mostra como um ente que é discursivo. Isto não significa que lhe seja própria a possibilidade da articulação verbal sonora, e sim de que esse ente é no modo do descobrir do mundo e do ser-aí mesmo" (*SZ*, p. 165). A existência pode ser definida pela posse da linguagem, mas essa posse não implica apenas a capacidade de emitir sons com sentido, de verbalizar informações a respeito do que quer que seja. A verbalização é secundária e posterior, porque possibilitada. A existência é discursiva, antes de tudo, porque é habitante de um mundo significativo no qual acontece desvelamento, experiência ontológica de manifestação do ente em seu ser. Ser dotado de *logos* não quer dizer ser capaz de usar sinais na comunicação, mas principalmente ser compreensão de ser: a abertura do mundo. Desse modo, a referência determinante para a investigação fenomenológica da essência da linguagem não são os usos e empregos de um código semiótico específico, mas o desvelamento do ser e suas estruturas na abertura da compreensão disposta.

A relação entre linguagem e abertura determina o "'lugar' ontológico desse fenômeno na constituição ontológica do ser-aí" (*SZ*, p. 166); com isso, a analítica existencial pretende indicar qual é a sua condição ontológica de possibilidade. Como veremos, a principal dificuldade do tratamento fenomenológico da linguagem consiste justamente em detalhar a natureza dessa relação com a abertura enquanto seu fundamento ontológico-existencial.

Em *Ser e Tempo*, encontramos um esboço de descrição de gênese da significação linguística. A emergência de sentido é descrita como um movimento que vai da significância do mundo para os significados e destes últimos para as palavras. Para Heidegger, o mundo, determinado como "a totalidade referencial da significância" (*SZ*, p. 123), é origem de todo sentido linguístico; "[...] a significância mesma, com a qual o ser-aí sempre já está familiarizado, abriga em si a condição ontológica de possibilidade de que o ser-aí compreensivo enquanto intérprete possa abrir significados, que, por sua vez, fundam a possibilidade da palavra e da linguagem" (*SZ*, p. 123). Evidentemente não se trata de uma sequência cronológica, mas de uma forma de anterioridade ontológica. Trata-se da anterioridade da totalidade sobre seus momentos, pois a significância diferencia-se dos significados como um conjunto de seus elementos, ou seja, uma totalidade e suas partes constitutivas. O conceito de significado deve ser tomado aqui no sentido de um movimento de remissão; o significar [*bedeuten*] é determinado por um indicar [*deuten*]. Toda linguagem entendida enquanto totalidade de palavras, enquanto língua histórica, depende dessa totalidade significativa prévia do mundo. Se o mundo não fosse significativo, não haveria nada a dizer nem profundidade para silenciar.

No esforço de fundamentação da linguagem, a fenomenologia hermenêutica tenta encontrar uma articulação de sentido ontologicamente anterior à aplicação de sinais. Somente o pressuposto do caráter *a priori* do mundo permite tornar compreensível a configuração de significados sem o recurso a signos linguísticos, remetendo a linguagem a uma origem não linguística. Trata-se aqui da experiência antepredicativa de acordo com a qual "a falta de palavra não pode ser entendida como falta de interpretação" (*SZ*, p. 157). Aparentemente, quebra-se com o cerne da virada linguística, mas no fundo o que está sendo ressaltado torna-se menos problemático se estiver claro que o sentido pode ser articulado em diferentes estruturas: linguísticas, imagéticas, gestuais etc. Não é unicamente por meio de signos linguísticos que veiculamos e articulamos a significância do mundo.

A dependência de toda linguagem ao mundo é tematizada em *Ser e Tempo* com base na distinção entre linguagem e discurso (*Sprache/ Rede*). A explicitação do discurso enquanto fundamento ontológico-existencial da linguagem é bastante sumária, permitindo pouca clareza a respeito da natureza dessa articulação de sentido que permeia a totalidade do mundo. De qualquer modo está clara a tese, ou seja, a afirmação de que toda linguagem particular (língua) assenta em última instância no discurso, ou seja, nas articulações significativas do mundo.

O termo *Rede* (discurso) é a tradução heideggeriana do conceito grego de *logos* em sua dimensão mostradora, manifestante, reveladora, pois "o *logos* deixa e faz ver, nomeadamente, aquilo sobre que discorre (*worüber*) e o faz *para* aquele que discursa (*Medium*) e para os que discursam conjuntamente" (*SZ*, p. 32)[62]. É a *função descobridora* do discurso que constitui o sentido, na medida em que articula a significância do mundo anteriormente a toda verbalização linguística, concedendo a base para todos os outros aspectos e funções da linguagem, incluindo aqui a função instrumental das palavras. Comentando um trecho do *Peri hermeneias* de Aristóteles, Heidegger ressalta o seguinte:

---

62. O uso do termo "discurso" [*Rede*] é particularmente problemático aqui. Apesar de no seu sentido usual remeter à verbalização, é utilizado para designar justamente uma articulação de significados que pode ser independente da linguagem verbal. Heidegger exemplifica essa articulação de sentido pelo discurso sem recurso à verbalização por meio do silêncio e da escuta.

neste texto de Aristóteles a *hermeneia* representa aqui o *diálektos*, o discutir determinado pela lida, [e] este discutir não é senão a forma fática de realização do *lógos*; este (discurso sobre algo) tem por função *to deloun* [...] *to symphéron kai to blaberón* (quer dizer, o discurso torna o ente manifesto, *acessível* para um ter intuitivo dele em sua utilidade ou inutilidade)[63].

Até mesmo a conversação cotidiana que gira em torno dos assuntos da lida ocupada tem de ser entendida com base na mostração que acontece no discurso, porque, unicamente por essa mostração, o ente aparece como tal em sua serventia. A liberação do ser do ente por meio do como-hermenêutico da compreensão e o aparecimento da linguagem estão entrelaçados sob a forma de uma fundamentação.

Sem dúvida nenhuma, as investigações gramaticais de Wittgenstein estão bastante distantes da problemática fenomenológica de busca da origem ontológico-existencial da linguagem localizada numa esfera antepredicativa prévia à verbalização. Para Wittgenstein, a capacidade de usar sinais, de falar utilizando a linguagem verbal, não é possibilitada pela constituição ontológica da existência, mas um fato da nossa história natural (*IF*, § 25). Por causa disso, a fala não é necessariamente uma distinção da existência humana; de certa maneira, pode-se reconhecer até mesmo em formas primitivas de linguagem animal. De qualquer modo, a linguagem não pressupõe nenhuma condição ontológica prévia, pois pertence aos dados primários da forma de vida humana.

Wittgenstein, assim como Heidegger, não concebe a significatividade linguística separada do cotidiano. Todo jogo de linguagem encontra sua ambientação nas formas de vida. No entanto, o comportamento de uso de expressões linguísticas, os jogos de linguagem, não são fundamentados pelas formas de vida. A forma de vida não possui uma significatividade independente da práxis linguística. Como observa corretamente Giannotti, um jogo de linguagem funciona como uma rua de duas mãos, pois "ao soldar palavras e atos pretende, de um lado, mostrar como as palavras, ou as regras em geral, só podem ser *significantes* se vinculadas a certas práticas; de outro, trata de revelar como

---

63. HEIDEGGER, M., *Ontologie (Hermeneutik der Faktizität)*, GA 63, § 2, p. 10.

tais práticas só podem ser especificadas quando se sabe que tipo de significação se quer dizer"⁶⁴. Seria mais adequado, portanto, falar em interdependência entre jogos de linguagem e formas de vida do que em fundamentação ou gênese ontológica. Enquanto a mundanidade em Heidegger pretende oferecer um solo para o surgimento da linguagem, a forma de vida em Wittgenstein é "apenas" um pressuposto que não fundamenta o exercício da linguagem, estando unicamente conectado estruturalmente com ele. Wittgenstein afirma que "se tivéssemos de mencionar o que anima o signo diríamos que é sua utilização"⁶⁵. O emprego dos signos linguísticos remete não à constituição ontológica do ser humano, mas a práticas sociais regulares transmitidas por intermédio dos processos de treinamento e adestramento típicas do ser vivo que somos.

À guisa de conclusão, pode-se afirmar que há concordância entre Heidegger e Wittgenstein quando afirmam que todo sentido e significado são gestados na existência concreta, pois "apenas no fluxo da vida as palavras têm significado"⁶⁶. Há correlação estrutural entre significação e existência, porque "a expressão tem sentido se lhe dermos sentido"⁶⁷, já que o "sentido é um existencial do ser-aí" (*SZ*, p. 151). Isso nos permite rejeitar qualquer tentativa para ancorar o sentido seja num domínio ideal a-histórico como o *hyperuránion tópon* platônico ou o terceiro domínio fregeano, assim como também nos recessos da consciência subjetiva, empírica ou transcendental. O que permite ao ser humano viver a vida cotidiana é a compreensão, apreendida como uma habilidade, um "ser capaz de".

Wittgenstein mostra, por intermédio da gramática da compreensão apresentada nas observações das *Investigações*, §§ 143-184, que esse conceito está conectado com o conceito de capacidade: "A gramática da palavra 'saber' está, evidentemente, estreitamente aparentada com a

---

64. GIANNOTTI, J. A., *Apresentação do Mundo – Considerações sobre o Pensamento de Ludwig Wittgenstein*, São Paulo, Companhia das Letras, 1995, p. 64.
65. WITTGENSTEIN, L., Das Blaue Buch, in: *Werkausgabe*, v. 5, p. 18; idem, *O Livro Azul*, trad. Jorge Mendes, Lisboa, Edições 70, 1992, p. 30.
66. Idem, Letzte Schriften über die Philosophie der Psychologie, in: *Werkausgabe*, v. 3, § 913, p. 468.
67. Idem, Das Blaue Buch, in: *Werkausgabe*, p. 24; idem, *O Livro Azul*, p. 34.

gramática da palavra 'poder', 'ser capaz de'. Mas também estreitamente aparentada com a da palavra 'compreender' ('dominar' uma técnica)" (*IF*, § 150). Compreender uma palavra não é captar o significado ideal ou espiritual, mas saber usá-la adequadamente. Descrita nos termos de uma habilidade, a compreensão revela-se saber quais são os contextos de comportamento relevantes para seu emprego e aplicação. E essa capacidade de participação nos jogos de linguagem, manifesta no fenômeno da compreensão, revela simultaneamente a capacidade de trânsito no interior da forma de vida particular. Na analítica existencial, Heidegger também recorre ao uso linguístico cotidiano como ponto de partida para determinar, de modo semelhante, a estrutura do compreender. O autor observa:

> por vezes, num discurso ôntico, usamos a expressão "compreender alguma coisa" com o sentido de "ser capaz de uma coisa", de "estar à sua altura", de "ser capaz de algo". O que se pode na compreensão enquanto existencial não é uma coisa, mas o ser enquanto existir. Na compreensão encontra-se existencialmente o modo de ser do ser-aí enquanto poder-ser (*SZ*, p. 143).

O fenômeno da compreensão ganha, por intermédio de sua inserção da dinâmica da vida cotidiana, uma dupla pertinência para o trabalho filosófico. De um lado, a rede de relações significativas do cotidiano, o universo de sentido do mundo e das formas de vida, é o ponto de partida inevitável de toda posterior atividade de tematização conceitual e investigação filosófica. Toda interpretação ou descrição é tributária da compreensão de sentido cotidiano, é dependente de experiências simples e repetitivas. De outro lado, a descoberta da vida cotidiana como lugar primeiro de sentido exige uma reavaliação da própria atividade filosófica. Torna-se necessário repensar o modo de tratamento predominante da linguagem realizado na história da filosofia, fundamentado pela problemática da lógica, além de uma reflexão sobre os diferentes aspectos da relação entre o filosofar e esse domínio primeiro de articulação de sentido. No prosseguimento dessa investigação, serão discutidas as seguintes questões: De que modo a cotidianidade possibilita o uso descritivo da linguagem por intermédio de proposições? Em que medida essa possibilitação altera o que entendemos por filosofia?

CAPÍTULO II

A lógica e a origem do sentido

"Certamente tem que se parar
junto a algum elemento derradeiro.
Mas este derradeiro [Letztes] justamente
não é o lógico [das Logische]."

Emil Lask

A investigação sobre as relações entre linguagem, pensamento e cotidianidade pode ser encarada como uma contribuição direta à determinação da natureza do *logos*. A reavaliação do discurso desde a perspectiva da inserção da linguagem nas formas de vida e no mundo pressupõe a recusa da exclusividade da abordagem lógico-formal dos fenômenos linguísticos. A carência básica de todo e qualquer formalismo é a impossibilidade de acessar a complexidade do fluxo da vida, no interior do qual o sentido é encontrado. Desse modo, a demarcação dos limites da lógica formal pode ser vista como um dos resultados possíveis da recondução do pensamento para o seu lugar de origem, a vida cotidiana, revalorizada agora como *locus* primário da significatividade. É importante esclarecer que se trata unicamente de redefinir o lugar do elemento lógico, e não tanto de rejeitar a lógica colocando água no moinho do irracionalismo. A conclusão alcançada pelos dois pensadores é a de que a lógica formal é "apenas" uma interpretação do *logos* construída em virtude dos propósitos da atividade científica; não sendo sem superior nem independente da linguagem cotidiana. O *status* da lógica, portanto, necessita ser reformulado, de tal modo se torne claro que esse parâmetro de análise das estruturas da linguagem não tem caráter absoluto.

A importância da lógica na discussão do fenômeno da linguagem provém da centralidade do discurso teórico no decorrer da história da filosofia ocidental. É no interior da reflexão sobre o saber científico que a lógica é tomada como padrão universal da racionalidade e, posteriormente, instrumentalizada para a definição da linguagem. Essa abordagem caracteriza-se prioritariamente pelo privilégio concedido a um tipo específico de expressão linguística: a proposição enunciativa. O *locus* clássico da delimitação da estrutura essencial desse tipo de discurso é o *Peri Hermeneias* de Aristóteles. Ali, afirma o filósofo grego, "toda sentença é significante (não como instrumento, como dissemos, mas por convenção); entretanto, nem toda sentença é declarativa, apenas aquelas que podem ser verdadeiras ou falsas"[1]. A bipolaridade torna esse tipo de expressão linguística fundamental para as pretensões teóricas de explicação e determinação dos fenômenos. Essa é a peculiaridade que atrai a atenção do entendimento filosófico, o fato de que as proposições são as únicas expressões linguísticas capazes de exibir o mundo; ou seja, além de veicularem sentido, dizem o que é o caso, indicam algo a respeito das situações do mundo.

Na discussão crítica a respeito do *status* da lógica é necessário observar dois movimentos complementares. Em primeiro lugar, o esforço de situar a relação intencional estabelecida entre a proposição e os estados de coisas na ambientação significativa da vida cotidiana. Nessa perspectiva será possível entender como a linguagem estabelece um vínculo com as coisas, ou seja, como e em que medida é possível dizer o mundo enquanto tal. Heidegger e Wittgenstein não negam que a linguagem tenha poder declarativo, no entanto tentarão esclarecê-lo por intermédio de um "terceiro termo" mediador entre proposição

---

1. ARISTÓTELES, De Interpretatione, in: BARNES, J. (Ed.), *The Complete Works of Aristotle*, Nova Jersey, Princeton University Press, 1995, v. 1, p. 26: "Every sentence is significant (not as a tool but, as we said, by convention), but not every sentence is a statement-making sentence, but only those in which there is truth or falsity".

A lógica e a origem do sentido

enunciativa e estados-de-coisas, entre palavras e coisas. Esse *medium* que permite que a linguagem estabeleça relação com a realidade será evidentemente o universo de sentido da vida cotidiana, o mundo enquanto totalidade significativa, as formas de vida organizadas de acordo com diferentes gramáticas. Em segundo lugar, a exposição desse âmbito concreto de configuração de sentido irá revelar não apenas os compromissos da verdade proposicional com condições prévias não teóricas oriundas do contexto de envolvimento cotidiano, mas também desmascarar o reducionismo produzido pela valorização unilateral da lógica como referência na tematização da linguagem. A unilateralidade não é causada pelo recorte plenamente justificado das tarefas próprias da lógica, mas pela avaliação incorreta dos limites e natureza da sua aplicação. O *logos*, tomado no sentido amplo de discurso significativo, não é plenamente reconhecido enquanto não ultrapassamos os limites da abordagem lógico-formal.

Wittgenstein é bastante enfático na apresentação da riqueza da linguagem:

> Quantas espécies de proposições existem? Afirmação, pergunta, ordem? – Existem *inúmeras* dessas espécies: inúmeros tipos de emprego disso tudo que denominamos "sinal", "palavras", "proposições". Essa multiplicidade não é nada fixo, algo dado de uma vez por todas; mas novos tipos de linguagem, novos jogos de linguagem, como poderíamos dizer, nascem e outros envelhecem e são esquecidos (*IF*, § 23).

A multiplicidade da linguagem transparece nos seus diferentes usos e empregos cotidianos. De modo complementar, Heidegger observa o seguinte em *Ser e Tempo*:

> entre a interpretação ainda totalmente envolvida na compreensão da ocupação e sua extrema contrapartida, o enunciado teórico sobre o ente simplesmente dado, existem múltiplos estágios intermediários. Enunciados sobre acontecimentos no mundo circundante, caracterização [*Schilderungen*] de entes-à-mão, "relatos de situação", registro e fixação de "ocorrências", descrição de um estado de coisas, narração do acontecido. Esses "enunciados" não se deixam reduzir, sem deturpação essencial do seu sentido, a proposições enunciativas

teóricas. Elas têm, como esta última, sua origem na interpretação da circunvisão (*SZ*, p. 158).

Está claro que essa enumeração de diferentes tipos de expressão linguística pressupõe, diferentemente da apresentada por Wittgenstein, a existência de graus na linguagem marcando a passagem entre os extremos do comportamento teórico e da lida cotidiana com utensílios. De qualquer forma, verifica-se, nos dois casos, a mesma tentativa de retirar a proposição enunciativa do centro da tematização da linguagem. Em outras palavras, a descoberta da vida cotidiana implica de algum modo a destituição do primado do enunciado teórico, a formulação de uma abordagem alternativa ao fenômeno do *logos*.

II.1. A pergunta pelo *status* da lógica

Ao questionarmos os parâmetros de análise da linguagem que privilegiam a proposição enquanto expressão linguística padrão, podemos repensar a natureza mesma da lógica com base na concretização do *logos* na vida cotidiana, valorizando sua ligação com a existência humana. A pergunta pelo *status* da lógica tem conexão direta com o problema mais amplo de saber em que medida o filosofar, especialmente o que recupera ou descobre tais correlações com a vida cotidiana, pode delimitar a si mesmo enquanto forma específica de discurso em relação aos temas da verdade, significação e conhecimento. Duas são, portanto, as dificuldades em questão: criticar a concepção tradicional da lógica como um ídolo a ser derrubado e preparar a possibilidade de outra concepção da lógica. O esclarecimento da lógica será unicamente efetivado pela delimitação da relação entre filosofia e linguagem, por intermédio da análise da discursividade própria da filosofia. É necessário, entretanto, iniciar pela crítica da concepção idealizada da lógica tradicional, começar pela negação.

O ponto de partida é dado pela recusa do caráter metafísico da lógica. Em outras palavras, trata-se principalmente de rejeitar a lógica como porta de entrada no domínio das idealidades extratemporais e a-históricas. O abandono da concepção de que tem que haver um domínio ontológico próprio para as leis lógicas que permaneça imune à corrosão do tempo é uma resposta crítica ao ambiente filosófico predominante no início do século XX. Tanto Heidegger quanto Wittgenstein realizaram a sua formação filosófica num ambiente marcado pelo combate travado por Husserl e Frege contra o psicologismo e sua tentativa de redução das leis lógicas ao funcionamento da mente humana. Esse vínculo parecia minar o seu caráter ideal, ou seja, ameaçar sua validade incondicional ao inseri-las no fluxo inconstante das vivências e representações subjetivas. Os objetos próprios da lógica não podem estar submetidos à impermanência temporal nem depender da contingência e particularidade da psicologia do animal humano.

Em contraposição à postulação de uma validade incondicional das leis lógicas, Heidegger e Wittgenstein propõem um vínculo entre lógica e condição humana, mas não mais por intermédio da sua fundamentação no psiquismo subjetivo, e sim pela sua inserção na mundanidade do mundo, nas formas de vida históricas. Mais concreto do que a forma lógica abstratamente isolada da vida cotidiana é o exercício efetivo da linguagem. O descompasso entre a vida concreta e as exigências da lógica acaba por pesar contra as pretensões da idealização. Essa avaliação é feita por Heidegger bem no início do seu caminho de pensamento. Numa carta enviada para Rickert em 1916 ele fez a seguinte observação: "eu mesmo me aproximo cada vez mais da convicção de que a luta contra o psicologismo, apesar de possuir de certo modo toda legitimidade, no entanto, aferrou-se no extremo contrário, numa esfera, na qual toda lógica tem que perder o fôlego"[2]. A intuição de que assentar a lógica num domínio atemporal de idealidades puras retira a própria possibilidade, em vez de assegurá-la, é também compartilhada por Wittgenstein. Nas *Investigações Filosóficas*, ele argumenta que as condições ideais exigidas pela lógica pura não são compatíveis com a

---

2. HEIDEGGER, M., RICKERT, HEINRICH, *Briefe 1912-1933 und andere Dokumente*, Frankfurt, Vittorio Klostermann, 2002, p. 20. Heidegger posteriormente afirma, em outra carta enviada em 1917, que "a lógica é um extremo, uma violação encoberta do espírito vivo – por mais que a 'validade absoluta' enquanto recomendação atraia e tranquilize suavemente os angustiados pelo relativismo [...]. A lógica pura proíbe à filosofia a conexão com as correntes fundamentais da vida pessoal e a plenitude da cultura e do espírito". Idem, p. 38.

situação imprecisa das práticas linguísticas cotidianas. A "pureza cristalina" almejada pela lógica contém o risco de queda no vazio por falta de concretude. A exigência de pureza produz uma situação de desequilíbrio, "caímos numa superfície escorregadia, onde falta o atrito, portanto onde as condições são ideais, mas nós, justamente por isso, também não somos capazes de andar. Queremos andar. Então precisamos de atrito. De volta ao chão áspero!" (*IF*, § 107). As imagens falam por si mesmas: "falta de ar para respirar", "ausência de atrito para o caminhar". A abstração formal constrói um ambiente artificial impróprio para a condição humana e em descompasso com sua finitude, pois o ideal configurado pelas exigências da lógica é concebido como uma necessidade que altera nossa avaliação a tal ponto que nos tornamos insatisfeitos com a linguagem real[3]. O conflito torna-se inevitável e insuperável, porque o real nunca estará de acordo com o projetado pelo ideal. Num movimento de saída pode-se, numa inversão, perceber que esse descompasso não deve ser atribuído à imperfeição das línguas históricas, mas compreendido como indicação da falta de concretude da concepção metafísica da lógica. Em outras palavras, a tensão entre a vida concreta e as exigências da lógica mostra que "a exigência ameaça tornar-se algo vazio" (*IF*, § 107). A ruptura com as concepções tradicionais é evidente, uma vez que a lógica nunca foi discutida com base nessa inserção na vida cotidiana.

De modo recorrente, a lógica é concebida com base na pressuposição de seu valor essencial e de suas promessas de profundidade. Isso pode ser exibido por intermédio do problema do vínculo entre lógica e ontologia, que não é apenas característico do contexto antipsicologista da época, mas acompanha grande parte da história dessa disciplina. Como vimos, a problemática ontológica é o núcleo temático tradicional mais relevante para indicar a diferença no modo de abordagem entre os pensadores em pauta nesse estudo. Não será diferente no caso da avaliação do *status* da lógica. Para Wittgenstein, aceitar a suposta

---

3. Essas observações relembram a alegoria kantiana da pomba apresentada na *Crítica da Razão Pura*: "A leve pomba, ao sulcar livremente o ar, cuja resistência sente, poderia crer que no vácuo melhor ainda conseguiria desferir seu voo" (*CRP*: A5-B9).

profundidade da lógica implicaria admitir seu caráter sublime, ou seja, de que a "consideração lógica" nos daria acesso à essência das coisas (*IF*, § 89). As regras fixas que a lógica expõe não são as regras das línguas históricas. Elas seriam a base de uma sintaxe fundamental e universal vinculada com a ordem *a priori* das possibilidades. Como se sabe, essa concepção de que a sintaxe lógica contém a essência do mundo ao tematizar a totalidade das possibilidades permeia o *Tractatus*, como foi exposto no capítulo I. Nessa perspectiva, a lógica teria relação com a "armação do mundo" (*TLP* 6.124).

Se a tradição atribui à lógica – pelo seu significado universal, etéreo e rarefeito – a marca da sublimidade e o valor da essencialidade, serão essas justamente as características rejeitadas. Ao perder a altura e a sutileza próprias do que é sublime, a lógica não desaparece. É falsa a impressão de que essas considerações ameacem a própria existência da lógica formal, como afirma Wittgenstein ao ressaltar que "isto parece suspender a lógica, mas não o faz" (*IF*, § 242). A lógica formal é um jogo de linguagem pertinente por causa de sua possível aplicação em certos contextos. De acordo com Hacker e Baker, a lógica formal

> não é a gramática profunda das linguagens naturais; não é a superfície gramatical das linguagens não naturais (denominadas ideais). É a forma de apresentação de argumentos, e um padrão formal para o julgamento de sua validade. É parte constituinte do que nós chamamos "pensar" e "raciocinar"[4].

Para Heidegger, o entrelaçamento entre lógica e ontologia indica que a lógica ocidental está baseada numa ontologia da coisa [*Vorhandenheit*] (*SZ*, p. 129), ou seja, numa certa forma de interpretar o ser do ente. Em vista da necessidade da repetição da questão sobre o sentido do ser com base no fio condutor do tempo, Heidegger irá propor uma suspensão da lógica formal enquanto padrão de correção das investigações ontológicas. Na medida em que está assentada

---

4. BAKER, G. P.; HACKER, P. M. S., *Wittgenstein: Understanding and Meaning. Volume 1 of a analytical commentary on the Philosophical Investigations*, Oxford, Blackwell, 2005, p. 180.

numa ontologia pronta, a lógica formal configura um enquadramento inapropriado para a recolocação da questão sobre o sentido do ser, tendo em vista que condiciona a determinação conceitual numa via já estabelecida. Uma retomada radical das investigações irá inevitavelmente abalar a fixidez dessa disciplina escolar enrijecida[5]. Esse abalo inevitável ressoa na famosa afirmação apresentada na preleção *O que é Metafísica?*: "A ideia da 'lógica' dissolve-se no redemoinho de uma interrogação originária"[6]. A dissolução não implica a negação pura e simples da lógica, funciona como uma espécie de suspensão provisória para favorecer uma investigação sobre a relação entre ontologia e lógica. Torna-se necessário conquistar, nas palavras de Heidegger, uma "problemática radical da lógica"[7].

O questionamento da leitura metafísica é complementado com a proposta positiva de rediscussão da lógica. Ainda que este seja um emprego pouco usual e até mesmo polêmico do termo, a fenomenologia hermenêutica e as investigações gramaticais podem ser denominadas de estudos lógicos, caso o caráter lógico da investigação seja pensado com base na tematização da linguagem, ou seja, no *logos* num sentido amplo sugerido pelos dois pensadores. Heidegger observa, por exemplo, que "nós podemos dizer em termos gerais, sem nos entregarmos a uma definição da lógica: a lógica tem em algum sentido relação com o *logos* enquanto linguagem. [...] A pergunta pela essência da linguagem é a pergunta guia e a pergunta fundamental de toda lógica [...]"[8]. Wittgenstein também ressalta essa conexão ao afirmar que "pertence à

---

5. Cf. HEIDEGGER, M., *Logik, Die Frage nach der Wahrheit*, GA 21, Frankfurt, Vittorio Klostermann, 1976, § 3, p. 12.
6. Idem, Was ist Metaphysik?, in: *Wegmarken*, GA 9, Frankfurt, Vittorio Klostermann, 2004, p. 117; idem, O que é Metafísica?, in: *Marcas do Caminho*, Petrópolis, Vozes, 2008, p. 127. Cf. REIS, R. R. dos., A *dissolução da ideia* da *lógica*, in: *Natureza Humana*, dez. 2003, v. 5, n. 2, p. 423-440.
7. HEIDEGGER, M., *Phänomenologische Interpretationen zu Aristoteles. Einführung in die phänomenologische Forschung*, GA 61, Frankfurt, Vittorio Klostermann, 1994, p. 21; idem, *Interpretações fenomenológicas sobre Aristóteles – Introdução à pesquisa fenomenológica*, Petrópolis, Vozes, 2011, p. 29.
8. HEIDEGGER, M., *Logik als die Frage nach dem Wesen der Sprache*, GA 38, Frankfurt, Vittorio Klostermann, 1998, p. 13.

lógica tudo que descreve um jogo de linguagem" (*DC*, § 56). Nos dois casos, de maneira diferenciada, está em questão uma abordagem filosófica da lógica enquanto cerne da investigação da linguagem.

Essa pretensão de reavaliação da lógica inclui uma mudança de perspectiva na consideração dos fenômenos linguísticos. Como vimos, além das dificuldades próprias ao dualismo metafísico sustentado pela dicotomia ideal/real, a leitura metafísica da lógica revela-se problemática porque é imposta de um ponto de vista que extrapola a própria vida. Assim, em vez de julgar a linguagem ordinária em sua perfeição e em seus limites com base nos critérios ideais da lógica formal, avaliando o real pela abstração do ideal, é preciso girar o "eixo da nossa investigação" (*IF*, § 108) e determinar se o ideal de exatidão lógica tem algum lugar no interior das nossas práticas linguísticas. O giro que inverte a relação entre linguagem corrente e ideais lógicos é realizado, em parte, por intermédio do questionamento daquilo que Wittgenstein chama de "modelo de 'objeto e designação'" (*IF*, § 293), fundamento usual das teorias da significação. Essa dependência ao modelo da referência revela também para Heidegger que a formalidade da lógica é aparente, pois surge "essencialmente sempre de uma regionalidade material do objeto (coisas, viventes, elementos significativos) e de sua problemática 'lógica', que orienta sua propensão de apreensão cognitiva determinada (um coletar ordenador)"[9]. Nos dois autores, a proposta de questionamento do primado da função descritiva é um pressuposto para a ampliação das tarefas da lógica. De um lado, acompanhamos Heidegger na pretensão de inverter a relação entre lógica e ontologia, efetivando uma espécie de exposição da origem fenomenológica da lógica por intermédio de investigações ontológicas sobre o nexo entre ser e tempo. De outro lado, acompanhamos Wittgenstein propondo a negação do caráter sublime reposicionando a lógica formal como um jogo de linguagem a ser exposto por descrições gramaticais.

---

9. Idem, *Phänomenologische Interpretationen zu Aristoteles. Einführung in die phänomenologische Forschung*, GA 61, p. 20; idem, *Interpretações fenomenológicas sobre Aristóteles – Introdução à pesquisa fenomenológica*, p. 28.

II.2. Destituição do primado da proposição enunciativa

A crítica ao primado da proposição constitui uma convergência importante entre Heidegger e Wittgenstein, ainda que o caminho percorrido na elaboração seja distinto. Desde a perspectiva da fenomenologia hermenêutica é, antes de tudo, a centralidade temática na história da ontologia que força o projeto da ontologia fundamental a colocar o enunciado no centro da discussão. De fato, como afirma Heidegger nas primeiras considerações do § 33 de *Ser e Tempo*: "nos inícios decisivos da ontologia antiga o λόγος funcionava como o único fio condutor para o acesso ao ente propriamente dito e para a determinação do ser desse ente. Além disso, o enunciado vale há muito tempo como o 'lugar da verdade'" (*SZ*, p. 154)[10]. A orientação pela proposição enunciativa é sustentada pela relação de interdependência entre lógica e ontologia, de acordo com a qual a pergunta pelo ser é estruturada como doutrina dos predicados mais universais do ente apresentada, idealmente, numa lista completa de categorias. Nesse sentido, a destituição do primado da proposição enunciativa é um passo decisivo para a ontologia fundamental porque demarca mais claramente em que medida é provocativa a tentativa de evidenciar o tempo como horizonte transcendental de toda compreensão de ser.

Não se trata, entretanto, de uma mera substituição, ou seja, de apreender o ser não mais por intermédio da estrutura lógica da proposição enunciativa, mas à luz da estrutura ek-stático-horizontal da temporalidade finita. A conclusão do projeto da ontologia fundamental pela exposição da conexão originária entre ser e tempo implicaria simultânea e principalmente demonstrar que a "'lógica' do λόγος está enraizada na analítica existencial do ser-aí" (*SZ*, p. 160). A expressão "enraizamento" indica que a recusa do caráter metafisicamente fundamental da lógica acontece por meio do movimento básico do pensamento fenomenológico: a conquista do originário. Em outras palavras, problematizar a centralidade do enunciado significa reconduzi-lo à sua origem ontológica.

---

10. De acordo com o exposto no capítulo I, é evidente que essa conexão é um pressuposto central do *Tractatus*. Cf. *TLP* 5.4711.

A lógica e a origem do sentido

Em termos fenomenológicos, a recondução de um fenômeno à sua fonte primordial é o modo próprio de acesso metódico ao originário. Se é verdade que, "no terreno ontológico, todo 'surgir' é degeneração" (*SZ*, p. 334)[11], então a conquista do originário é uma reconquista mediada necessariamente pelo que brotou da origem. As decorrências do originário são degeneradas não apenas porque são incapazes de manter a potência da origem, mas também por a encobrirem na medida em que se distanciam. É esse o valor metodológico do caráter derivado da proposição enunciativa. Ao decorrer ontologicamente de uma esfera prévia que lhe fornece sua condição de possibilidade, o enunciado não apenas aponta para sua proveniência com base em uma dimensão mais originária, mas torna-se simultaneamente o caminho para a conquista dessa esfera prévia.

Na preleção *Os conceitos fundamentais da Metafísica*: *Mundo – Finitude – Solidão*, Heidegger explica que a análise da estrutura da proposição pode ser descrita como o empenho em

> ver *essa dimensão* como *algo totalmente diverso* [*das ganz Andere*]: como o que não pode ter lugar senão se o realçarmos ante o âmbito no qual nos movimentamos de maneira autoevidente. Não queremos, porém, manter este totalmente outro [...] simplesmente contraposto à estrutura proposicional. Ao contrário, queremos avançar *por meio dessa estrutura* até ele[12].

A clareza metódica explícita na observação transcrita não implica a garantia da reconquista do originário, pois, de acordo com Heidegger, o retorno à origem não possui evidência ôntica. Ao contrário, o máximo

---

11. Existe pelo menos uma exceção para esse pressuposto. O pensador holandês Espinosa propõe, em sua obra-prima *Ética*, a tese de que o primeiro princípio (a potência infinita da *natura naturans*) se consuma na sua autoexpressão sem nenhuma dissipação ou reserva. A inovadora concepção de causa imanente determina que não há nem ruptura nem afastamento do originário, pois o efeito permanece na causa, assim como a causa permanece no efeito.
12. HEIDEGGER, M., *Die Grundbegriffe der Metaphysik: Welt – Endlichkeit – Einsamkeit*, GA 29/30, Frankfurt, Vittorio Klostermann, 2004, § 71, p. 440; idem, *Os conceitos fundamentais da Metafísica: Mundo – Finitude – Solidão*, trad. Marcos Casanova, São Paulo, Forense Universitária, 2006, p. 348.

que a fenomenologia pode realizar é expor a "questionabilidade de toda evidência" (*SZ*, p. 334). Nesse caso específico, trata-se de questionar a evidência de que a verdade, a linguagem e o ser são acessíveis unicamente na proposição enunciativa. Essa advertência não pode ser ignorada, pois torna claro que a pretensão de avançar em direção ao originário somente pode ser pensada nos limites de sua realização. De antemão estamos advertidos, portanto, de que a descrição fenomenológica da derivação não tem a forma de uma demonstração. Não perder de vista tal advertência nos tornará mais alertas para as dificuldades do percurso.

De fato, diversas dificuldades estão presentes no próprio movimento de avanço ontológico em direção ao originário. Já de início, podemos constatar a dificuldade que resulta do entrelaçamento entre diferentes relações de possibilitação. O enraizamento da proposição enunciativa numa dimensão originária conecta-se, de diversos modos, com a gênese do comportamento teórico-científico com base na ocupação da lida cotidiana, com a fundamentação ontológico-existencial da linguagem no discurso e com o caráter derivado da verdade proposicional. Ou seja, a tese da derivação da proposição enunciativa torna-se inevitavelmente mais complexa pela pretensão, levantada por Heidegger, de conectá-la com outros movimentos de retorno ao originário. Em vez de enfrentar diretamente a complexidade dessa rede de relações de possibilitação, manterei como foco da análise o fenômeno da proposição, elegendo estrategicamente, como porta de entrada na discussão, o núcleo problemático principal da tese da derivação que consiste na determinação da estrutura da proposição.

Como afirmou Heidegger no trecho anteriormente citado, a pretensão da análise fenomenológica não é a de simplesmente contrastar a proposição enunciativa com um âmbito mais originário, "totalmente outro" [*ganz Andere*], mas alcançá-lo por meio da estrutura da proposição enunciativa. Em outras palavras, a derivação baseia-se no seguinte pressuposto: se a proposição está enraizada num terreno prévio mais originário, então esse enraizamento pode ser recuperado com base ou por meio da sua estrutura específica. Somos conduzidos, portanto, à pergunta pela estrutura da proposição enunciativa.

De início, tenderíamos a responder que se trata da estrutura formal no sentido da forma lógica do enunciado. No § 33 de *Ser e Tempo*, Heidegger elege como ponto de partida da descrição da derivação um caso limite de enunciado, especificamente o que a lógica tradicional denomina proposições categóricas, casos que configuram, nas suas palavras, possíveis exemplos dos "fenômenos enunciativos mais simples". É importante ressaltar nessa escolha um comprometimento com a lógica tradicional, já que Heidegger não incorpora as inovações da lógica contemporânea inaugurada por Frege com a publicação do *Begriffsschrift* (1879)[13]. A desconsideração da lógica matemática afeta, sem dúvida, a base da descrição fenomenológica da derivação da proposição enunciativa e pode ser tomada como índice da ambivalência do recurso metodológico à estrutura da proposição enunciativa. Se considerarmos o exemplo concreto de enunciado apresentado em *Ser e Tempo*, "o martelo é pesado", pode-se perceber claramente que a proposição enunciativa é pensada aqui de acordo com a estrutura simples da composição entre sujeito-predicado. Essa composição predicativa do enunciado tem a forma da determinação de "algo enquanto algo". Para Heidegger, essa não é uma expressão linguística qualquer, pois "está evidentemente fundamentada de algum modo no sentido do ser-aí mesmo"[14]. A composição estrutural sujeito-predicado não é um mero revestimento lógico-semântico dispensável pela análise, porque são justamente os aspectos formais que sustentam o avanço para o

---

13. De acordo com Courtine, a tradição aristotélica "é [...] decididamente a única na qual se inscreve Heidegger". Cf. COURTINE, J. F., As Investigações Lógicas de Martin Heidegger, da Teoria do Juízo à Verdade do Ser, in: *Revista Discurso*, São Paulo, Edusp, 1996, p. 12. E isso a despeito de "quaisquer que sejam suas referências aos trabalhos dos lógicos contemporâneos em seu estudo de 1912 (*Neuere Forschungen über Logik*), já que também esses serão descartados muito cedo como pertencendo à 'logística' (termo da época, que se encontra tanto sob a pena de Couturat quanto de Poincaré), isto é, cultivando uma proximidade perigosa e, em todo, não fecunda com as matemáticas". Idem, ibidem, p. 13. Com base nas considerações que se seguem, tornar-se-á evidente que fica em aberto se a tese do caráter derivado da proposição poderia ser evidenciada também com base na lógica matemática contemporânea.
14. HEIDEGGER, M., *Die Grundbegriffe der Metaphysik*, GA 29/30, § 69, p. 416-417; idem, *Os conceitos fundamentais da Metafísica: Mundo – Finitude – Solidão*, p. 329.

originário. É importante ressaltar, todavia, que a utilização da estrutura da proposição como caminho de acesso ao domínio mais originário de articulação de sentido não implica que as formas linguísticas se tornam guia para as investigações ontológicas. A estrutura da proposição revela um âmbito que não possui estrutura proposicional: tempo enquanto horizonte transcendental da compreensão de ser.

O fenômeno da proposição enunciativa possui, segundo a analítica existencial, três determinações inter-relacionadas. Além da primeira, que consiste na dimensão comunicativa própria de toda expressão linguística, o enunciado é captado também, em segundo lugar, pela atribuição de características a entidades, ou seja, pela predicação. Esse é o sentido relacional do "enquanto" contido na expressão proposicional do "algo enquanto algo". No ato de atribuição de características, algo, ou seja, o sujeito lógico, é determinado enquanto tal pelo predicado. Toda proposição só enuncia à medida que determina um sujeito (S) por meio de predicados (ser-P). A última determinação da enunciação consiste no sentido prioritário do *logos* enquanto *apophansis*: deixar ver o ente com base nele mesmo. A mostração [*Aufzeigung*] visa ao próprio ente, e não à sua representação, porque deixa ver aquilo "sobre-o-quê" discorre na medida em que explicita suas determinações predicativas.

Heidegger mantém a distinção aristotélica entre *logos semantikós* e *logos apofantikós* ao destacar a função apofântica como o mais determinante na proposição. Está claro que toda expressão linguística caracteriza-se pela função semântica, ou seja, pelo pertencimento à esfera da compreensibilidade e do sentido, articulando a significância do mundo. Afirmar que toda fala articula significações é o mesmo que dizer que ela "dá a compreender e exige entendimento"[15]. No entanto, apenas a proposição enunciativa pode mostrar, ou seja, ser verdadeira ou falsa desencobrindo ou encobrindo. Justamente porque deixa ver o "sobre-o-quê" do discurso, o ente no que é e como é, é que o enunciado

---

15. HEIDEGGER, M., *Die Grundbegriffe der Metaphysik*, GA 29/30, § 72, p. 443; idem, *Os conceitos fundamentais da Metafísica: Mundo – Finitude – Solidão*, p. 350.

A lógica e a origem do sentido

foi considerado o lugar da verdade. O enigmático poder da linguagem contido na verdade proposicional provoca a fenomenologia hermenêutica a interrogar pela possibilidade interna da função apofântica: afinal, o que permite que certas expressões linguísticas, as proposições enunciativas, possam mostrar um ente em seu ser? A primeira condição da mostração apofântica é a complexidade da proposição enunciativa constatável na relação entre sujeito-predicado. A estrutura do "algo enquanto algo" pode ser concebida como a junção da ligação [*Gefüges der Beziehung*] dos elementos do enunciado. Perguntar pelas condições da mostração apofântica, portanto, é perguntar de que modo a ligação entre os termos da proposição (S-P) é possível. O que decide a conveniência do predicado com o sujeito numa proposição que está em concordância com o ente ao qual se refere?

O que expressa a ligação é a cópula, momento privilegiado de menção direta do ser na linguagem, fazendo a proposição, nas palavras de Heidegger, trazer "o 'é' marcado na testa"[16]. A cópula é o componente na estrutura da proposição que permite reconduzi-la para sua dimensão originária, porque revela que a abertura do ser contida no enunciado não é primeira, mas dependente de uma relação prévia com o ente visado com base na compreensão de ser. O que faz a proposição remeter para fora de si mesma é o fato de que a ligação lógica entre os termos da proposição enunciativa revela a presença de uma unidade ontológica que não é constituída pela linguagem. O significado primordial da palavrinha "é" diz reunião, junção, unidade, síntese. A proposição enunciativa é verdadeira quando, por exemplo, afirma uma unidade de ligação entre predicado e sujeito que deixa ver a unidade do tema do discurso, ou seja, do ente em questão. O deixar ver, ou seja, a mostração apofântica acontece por meio da relação entre duas unidades: lógica e ontológica.

A cópula não é, portanto, um mero liame entre os elementos da proposição, a pequena palavrinha "é" não conecta tão somente signos

---

16. HEIDEGGER, M., *Die Grundbegriffe der Metaphysik*, GA 29/30, § 72, p. 468 e 370: "[...] weil sie das 'ist' an der Stirn trägt [...]".

linguísticos, pois constitui a abertura da proposição enunciativa para o que é enunciado, ou seja, expõe o visar proposicional do ente em questão. De acordo com Heidegger, "em meio à função de significação enquanto tal, a significação de ser e de 'é' já está ligada a algo que é"[17]. O tema é exibido pela proposição enunciativa verdadeira na unidade de suas determinações predicativas. Isso significa que a síntese predicativa pressupõe uma unidade que não é lógica e, por isso, a formulação do enunciado enquanto comportamento enunciador está assentado numa relação intencional com o tema do discurso sob a forma da captação da sua unidade ontológica. A síntese predicativa verdadeira é a explicitação linguística da unidade ontológica do "sobre-o-quê" do discurso que precisa ser acessada independentemente da mediação da proposição. Para que o ente em questão seja mostrado na unidade de suas determinações predicativas, algum comportamento prévio de abertura para com o ente tem que ocorrer. Nesses termos, "o enunciado não é um comportamento que paira no ar, que pudesse com base em si mesmo primeiramente abrir o ente enquanto tal, senão que se apoia sempre já na base do ser-no-mundo" (*SZ*, 156).

Em *Ser e Tempo*, portanto, a descrição fenomenológica do caráter derivado da proposição no § 33 é preparada pela análise da estrutura ontológica unitária do ser-no-mundo. A tese ali defendida é a de que a estrutura da proposição já aparece numa forma modificada na liberação dos utensílios que os projeta na rede de relações significativas do mundo. Essa liberação prévia do ente que o interpreta como o em-que [*Womit*] de uma ocupação é anterior à sua tematização como possível "sobre-o-quê" [*Worüber*], ou seja, é um possível tema de predicação. Como afirma Heidegger:

> a lida com entes-à-mão do mundo circundante guiada pela circunvisão interpretante, que o "vê" *como* mesa, porta, carro, ponte, não necessita expor o que foi interpretado na circunvisão num *enunciado* determinante. Toda simples visão antepredicativa do que está à mão já é em si mesma compreensiva-interpretante (*SZ*, p. 149).

---

17. Idem, ibidem, § 72, p. 471 e 372.

A lógica e a origem do sentido

Em todo comportamento com utensílios um mundo já compreendido se interpreta por intermédio da estrutura de algo como algo. Aqui o *"como"* não tem caráter proposicional, não é o como-apofântico de exposição de determinações predicativas, mas a estrutura da explicitação do compreendido, ou seja, é a estrutura formal [*formale Gerüst*] (*SZ*, p. 151) do sentido. Quando remetida ao exercício cotidiano da ocupação, a formulação "algo enquanto algo" determina um âmbito marcado pela mediação do sentido na compreensão, pelo exercício e desdobramento da interpretação.

Em última instância, é possível perceber nos dois casos a mesma função primordial do "como" que é a de apropriação do compreendido. Essa apropriação tanto pode acontecer na articulação das relações de remissão da significância no *"como-"hermenêutico* realizado pela compreensão (mesmo na ausência de verbalização) quanto na articulação de determinações predicativas do subsistente no *"como-"apofântico*. Apesar dessa função comum, há precedência da interpretação do ente-à-mão na compreensão como isto ou aquilo com base em sua serventia constitutiva. Essa precedência da relação de ocupação diante da relação de contemplação, paralela ao primado do ente-à-mão diante do simplesmente dado, indica que a compreensão da ocupação, não explicitada em proposições, já possui a estrutura-'como' da interpretação, ou seja, é capaz de aceder ao ente sem mediações proposicionais:

> A articulação do que foi compreendido na aproximação interpretativa dos entes, na chave de "algo como algo", antecede toda e qualquer proposição temática a seu respeito. O "como" não ocorre pela primeira vez na proposição. Nela, ele apenas se pronuncia o que, no entanto, só é possível pelo fato de já se oferecer para ser pronunciado (*SZ*, p. 149).

Unicamente por intermédio da contextualização do comportamento enunciador no mundo é que a estrutura lógica da proposição torna-se realmente capaz de remeter para além de si mesma não somente porque extrapola a mera ligação dos seus elementos indicando uma unidade ontológica que não é constituída pela síntese predicativa, mas porque evidencia também simultaneamente que a estrutura do "algo como algo" apresenta-se em outra modalidade que não a atribuição predicativa. De acordo com o título do § 33, a proposição enunciativa é uma forma derivada de exercício da interpretação [*Auslegung*]¹⁸. A palavra *Auslegung* tem, nesse contexto, o sentido de desdobramento ou desenvolvimento. Interpretar significa aqui elaborar formalmente as possibilidades da compreensão do sentido já articulado discursivamente no mundo enquanto "totalidade de remissões da significância" (*SZ*, p. 123). Recusando a distinção husserliana entre o conteúdo ideal e a realização do ato de julgar enquanto tal, Heidegger não considera possível separar o sentido da proposição. Se o sentido não pertence aos domínios objetivo do físico nem ao subjetivo do psíquico, não necessita ser remetido ao um terceiro domínio platônico-fregeano de essências ideais, pois tem seu lugar primeiro na rede de relações da significância do mundo projetadas na compreensão de ser. Assim, "[...] a proposição já não pode negar a sua proveniência ontológica de uma interpretação compreensiva. Chamamos de 'como'-hermenêutico-existencial, o 'como' originário da interpretação que compreende numa circunvisão (ερμηνεία), em contraste ao 'como'-apofântico da proposição" (*SZ*, p. 158).

Apesar do enraizamento no originário, a proposição – determinada como modificação da interpretação – revela-se como uma pedra no caminho da fenomenologia. Do ponto de vista da exposição do caráter

---

18. Heidegger emprega três palavras que podem ser traduzidas no português por interpretação, concedendo a cada uma delas um uso terminológico distinto. O termo *Deutung* é reservado para denominar a "ação de significar" que se realiza em cada remissão da significância. O termo *Auslegung* expressa, literalmente, o movimento de colocar [*legen*] fora [*aus*], ou seja, de ex-por a articulação discursiva do mundo. Neste sentido, a interpretação não acontece necessariamente sob a forma de um exercício explícito, mas por meio de um deixar-se guiar pelas remissões da totalidade significativa, por todo sentido sedimentado que sustenta nossa vida cotidiana e suas práticas e atividades. Unicamente o termo *Interpretation* é reservado para descrever a atividade hermenêutica explícita que assume a tarefa de tematizar o interpretado, como é o caso da interpretação fenomenológica concretizada na analítica existencial. Esta última diferença, por exemplo, entre *Auslegung* e *Interpretation*, está claramente formulada no título do parágrafo 59 de *Ser e Tempo*, que visa justamente confrontar as duas formas de interpretação do fenômeno da voz da consciência, a fornecida pela autocompreensão decadente do cotidiano e a elaborada pela analítica existencial.

derivado da proposição enunciativa, a estrutura lógico-semântica da composição sujeito-predicado é relevante para o acesso metodológico à esfera antepredicativa do "como"-hermenêutico em que já se verifica a ação de articulação por intermédio da estrutura formal do sentido. Ou seja, pelo predicativo encontramos o "acesso" ao antepredicativo. Entretanto, a possibilidade de descrições fenomenológicas torna-se enigmática diante do seu caráter não predicativo do originário. Heidegger ressalta que os caracteres de ser não são propriedades ônticas do ente, mas determinações temporais. Falta ao discurso fenomenológico, portanto, não apenas palavras, mas principalmente uma gramática. Dito de outro modo, não é suficiente que a linguagem remeta ao que lhe é anterior enquanto condição, pois a dimensão originária conquistada por meio desse movimento de avanço até a origem se revela em toda a sua problematicidade como o que extrapola os parâmetros da linguagem proposicional. A indigência da linguagem para dizer esse totalmente outro pode ser facilmente diagnosticada nas expressões utilizadas para designar essa esfera originária prévia, todas elas baseadas em referenciais do âmbito derivado. A dimensão originária é denominada pré-predicativa, pré-ontológica, pré-teórica, de tal modo que não sabemos mais claramente o que é o originário, a não ser por contraste. Essa "ignorância" é, no fundo, a precariedade fundamental da tese da derivação. É necessário reconhecer que a descoberta da esfera antepredicativa não revela a profundidade de uma sabedoria que a fenomenologia nos disponibiliza, pois ela apenas torna explícito para a própria fenomenologia hermenêutica as dificuldades inerentes à tarefa que se impôs: descrever por meio da estrutura linguística da proposição o que não tem estrutura proposicional: a conexão originária entre ser e tempo.

A dificuldade indicada não é "resolvida" por uma abdicação da aplicação do conceito, mas, ao contrário, por meio da tentativa de evidenciar seu caráter fenomenológico A pretensão de trazer o ser à linguagem implica realizar a passagem da compreensão pré-ontológica do ser, vaga e mediana, que permeia o cotidiano enquanto interpretatibilidade [Ausgelegtheit], para uma compreensão desenvolvida enquanto interpretação ontológica alçada ao patamar da "clareza do conceito"

(*SZ*, p. 158) e seus modos de determinação explícita. Para superar esse impasse e mostrar como o *logos* hermenêutico pode, por meio de descrições fenomenológicas, conduzir ao desvelamento o que se oculta – ou seja, estruturas ontológicas – sem atribuir propriedades ônticas a coisas, é necessário esclarecer a natureza e a formação de conceitos filosóficos. O recurso metodológico das indicações formais, que será analisado no próximo capítulo, foi formulado para enfrentar essas dificuldades.

O esforço da fenomenologia hermenêutica para reconduzir a lógica da proposição a uma esfera antepredicativa mais originária é totalmente aversa ao horizonte de investigação de Wittgenstein. Não há um equivalente para o âmbito antepredicativo nas *Investigações Filosóficas*, ou seja, uma esfera anterior à linguagem que possibilite a significação. Ainda assim, é possível perceber que a tentativa de questionar o caráter metafísico da lógica também pressupõe a exposição de sua dependência a articulações de sentido que permeiam formas de vida concretas. Wittgenstein não pressupõe nenhum âmbito originário, não reconhece nenhuma experiência ontológica de desvelamento nas práticas de uso linguístico; entretanto, podemos interpretar a valorização da articulação de sentido cotidiana concretizada nas práticas de uso das expressões linguísticas como a afirmação de um pertencimento da lógica predicativa às dinâmicas da existência.

De maneira análoga à derivação fenomenológica apresentada na analítica existencial, as investigações gramaticais tentam mostrar em que medida as pretensões de verdade da proposição estão submetidas a certas condições encontradas nos jogos de linguagem cotidianos. A relação de dependência e possibilitação revela que Wittgenstein, de fato, não abandona a semântica referencial em prol da semântica pragmática, ou seja, não deixa de conceber a linguagem como retrato da realidade para descrevê-la com base no trato prático envolvido em toda interação com o ambiente não linguístico. Como observa Hintikka, para avaliar corretamente Wittgenstein "é importante compreender que ele não está de modo algum negando a *realidade* das relações denominadoras ou substituindo-as por diversos atos de fala e suas correlações. Os jogos de linguagem não *substituem* as relações denominadoras [...], eles as *constituem*"¹⁹. A relação entre linguagem e mundo que permeia alguns jogos de linguagem específicos, inclusive o jogo da descrição científica dos fatos do mundo, pressupõe a mediação de um esquema público de práticas de uso dos signos.

O exame crítico que apresenta do modelo objeto-designação acontece por meio da revelação simultânea de sua limitação, por não abarcar toda a significatividade linguística, e também dependência, na medida em que necessita de uma ambientação prévia fornecida pelas interações práticas com o mundo. As *Investigações Filosóficas* iniciam com a problematização da imagem da essência da linguagem, de acordo com a qual "todas as palavras da linguagem designam objetos" (*IF*, § 1). Nesse contexto de abertura da investigação, trata-se de ressaltar que a função descritiva, baseada em relações denotativas, é apenas uma das funções da linguagem; de modo que a relação estabelecida entre nomes e objetos não pode ser tomada nem como algo primário nem como algo originário. No primeiro caso, a relação denotativa seria interpretada como a realização primeira da linguagem. No segundo caso, ela seria concebida como a origem e fonte dos significados presentes na linguagem. No ponto de partida das *Investigações*, Wittgenstein procura mostrar que a relação nome-objeto não é nem efetuada anteriormente à própria linguagem, fornecendo-lhe os fundamentos, nem caracteriza todos os usos, funções e dimensões da linguagem efetiva. Na verdade, a relação denotativa é sempre dependente de um jogo de linguagem específico. Todo ato de nomeação, ou seja, de ligação entre um termo e uma coisa, já pressupõe um jogo de linguagem no interior do qual aquela ligação faz sentido.

Wittgenstein remete nosso olhar concretamente para a multiplicidade dos usos linguísticos ressaltando que a linguagem não pode ser restringida ao propósito de denotação, seja a que ocorre na vida cotidiana, seja a explorada enquanto afiguração dos fatos do mundo nas teorias científicas. Antes de tudo, descrever a linguagem como um

---

19. HINTIKKA, J.; HINTIKKA, M., *Uma Investigação sobre Wittgenstein*, Trad. Enid Abreu Dobránszky, Campinas, Papirus, 1994, p. 257.

"sistema de comunicação" é uma imagem bastante restrita, pois "nem tudo que chamamos linguagem é este sistema" (*IF*, § 3). Além de resguardar a multiplicidade da linguagem, a avaliação crítica do primado da denotação pretende tornar claro que essa função de apresentação do mundo é dependente de condições prévias de caráter prático. Nesse sentido, pode-se afirmar que a principal estratégia para atenuar a força dessa concepção primitiva da linguagem acontece por meio da indicação do "caráter parasitário" da denotação. Por parasitário, entendo aqui o que não é capaz de manter-se independentemente, ou seja, que conquista sua sobrevivência extraindo de outra instância o que não é capaz de conquistar por si. De fato, há um saber prévio que antecede o acesso à correlação nome-objeto fornecendo-lhe sustentação. Na observação § 30, Wittgenstein pergunta explicitamente: "Deve-se já saber (ou ser capaz de algo) para perguntar pela denominação. Mas o que é que se tem que saber?". Vemos claramente que há uma dependência estrutural da denotação a um saber prévio que a possibilita.

Essa dependência é ressaltada, por exemplo, na observação § 31, por intermédio do argumento de que só pode perguntar com sentido pelo nome de alguma coisa ou objeto quem já sabe o que vai fazer com o nome. Dito de outra maneira, somente quem já identificou o possível lugar de um nome no interior de uma gramática, isto é, de uma técnica do emprego de palavras, pode não apenas perguntar pela referência de um termo, mas também saber o que fazer com a resposta recebida. Toda correlação nome-objeto pressupõe um saber prévio sobre o lugar da linguagem (*IF*, § 29) em que está localizada a palavra. Se a denotação é dependente do contexto do jogo de linguagem no interior do qual o nome tem o seu lugar, então o saber prévio necessário que permite a pergunta pela referência de uma palavra possui uma dimensão prático-vital que expressa o pertencimento do falante a uma comunidade linguística, na qual foi socializado, ou, no limite, expressa a familiaridade e capacidade de orientação do falante nas atividades próprias de uma forma de vida particular.

Os vínculos entre palavra e coisas são apreendidos em jogos de linguagem primitivos por meio do ensino ostensivo das correlações pertinentes. Todo falante competente de uma língua foi adestrado para utilizar corretamente as palavras de tal modo a sustentar o bom andamento das atividades práticas. Esse saber prévio não consiste apenas em saber empregar corretamente as expressões linguísticas de acordo com a gramática, pois expressa-se também pela compreensão prévia do tipo de coisa a respeito do qual falamos no jogo de linguagem em ação. Quando há relação de denotação, verifica-se que é a "categoria" ou tipo do objeto que determina o lugar da palavra na gramática, pois esta última demarca um esquema de tipos de entidades, ou seja, determina "essências". O que justifica o enraizamento da relação de denotação num jogo de linguagem particular é o fato de que as palavras, que estão relacionadas com entidades, sustentam a atividade de identificação do que é pertinente no mundo para a realização das atividades não linguísticas que estão entrelaçadas com o uso dos sinais.

Essa conexão pode ser ilustrada pelo jogo de linguagem dos construtores (*IF*, § 2), por meio do fenômeno do trabalho. A intenção fundamental da instrução das crianças dessa comunidade – a qual faz uso de palavras para organizar as atividades de construção – não é simplesmente que aprendam os rótulos ou etiquetas das coisas. As referências das palavras "cubos, colunas, lajotas, vigas" somente são consideradas com base no uso no contexto de construção. A relação entre palavras e coisas é entendida principalmente à medida que a criança conquista uma capacidade de orientar-se na vida compartilhada pelos membros da comunidade. Nessa comunidade tais palavras são ordens para que os objetos mencionados sejam entregues a quem as pronuncia. A denotação nome-objeto é dependente do lugar que a palavra ocupa no jogo, e este é o lugar das ordens feitas pelo mestre de obras aos seus subordinados; é o saber prévio necessário à denotação, saber relativo ao lugar de uma palavra num jogo de linguagem, qual seja, a sua função de identificação de entidades pertinentes no interior das práticas sociais[20].

A capacidade de correlacionar nome-objeto depende da clareza sobre os usos possíveis do nome; apenas assim o ensino ostensivo pode

---

20. Wittgenstein apresenta também o exemplo do jogo de xadrez (*IF*, § 31). Só se pode perguntar com sentido "o que é o rei?" quem já possui uma compreensão mínima do jogo e suas regras.

explicar o sentido das palavras, apontando para o uso. Nesse sentido, apesar de não ser incorreta, a imagem primitiva de que toda palavra é um nome que designa um objeto é unilateral, porque ainda quando é válida depende dos jogos de linguagem, ou seja, o contexto prático-social de uso. A única forma de eliminar a aparência de que a relação de denotação é uma "estranha ligação" (*IF*, § 38) é entendê-la na ambientação de uma forma de vida particular. De acordo com Wittgenstein, "O que é a relação entre nome e nomeado? – ora, o que *é* ela? Veja o jogo de linguagem (2), ou um outro! Lá se pode ver mais ou menos em que consiste essa relação". As interações com o ambiente, que acompanham todo jogo de linguagem, destacam como relevantes para o jogo certas coisas e objetos que ganham um nome com um lugar na gramática do jogo por causa dessa pertinência. Nisto consiste a relação de dependência, só há relação de denotação entre palavras e coisas com base no uso que fazemos dos nomes no interior de um jogo de linguagem. Nem todo jogo de linguagem inclui denotação e referência, mas toda denotação e toda referência pressupõem um jogo de linguagem.

Essas considerações são válidas também para a determinação do lugar da proposição no interior dos jogos de linguagem. A perspectiva unilateral da visão referencial da linguagem reaparece também na tematização das frases ou expressões linguísticas (*IF*, § 1), pois elas são concebidas, dentro desse modelo, como concatenações de designações de objetos. Temos uma dupla redução da variedade linguística, pois, enquanto as palavras são reduzidas a nomes, as expressões linguísticas são reduzidas a proposições. Dos dois casos, importa não apenas resguardar a multiplicidade, mas também indicar as dependências práticas. De modo análogo à abordagem dos nomes na qual o uso "possibilita" a designação, o que determina os tipos possíveis de expressão linguística também não é sua forma gramatical nem a intenção dos falantes, mas "o papel que o pronunciar dessas palavras desempenha no jogo de linguagem. Mas também o tom com que forem pronunciadas será outro, e a expressão facial, e ainda muitas outras coisas" (*IF*, § 21). É a junção desses elementos (uso, tom de voz, gestualidade) concretizados no contexto prático que nos permite diferenciar ordens de perguntas, perguntas de afirmações e assim por diante. De princípio, é razoável dizer que as proposições, expressas na linguagem cotidiana, possuem a seguinte forma geral: "as coisas estão assim"; pois correlacionamos a proposição com a verdade enquanto correspondência. A verdade sob a forma de bipolaridade não é uma determinação exterior, mas uma dimensão da proposição que aparece em virtude da gramática da proposição.

As investigações gramaticais e a analítica existencial convergem na reavaliação da natureza e amplitude do fenômeno linguístico. O discurso humano, concretizado nas práticas mais diversas de uso da linguagem, extrapola os limites da lógica formal. A ultrapassagem não significa um simples desrespeito das regras, mas a constatação de que existem diferentes regras para discursos diversos. A lógica formal revela-se como momento importante da articulação de sentido que nasce e realiza-se no interior da vida cotidiana, nas entrelinhas das formas de vida e da mundanidade. Toda afiguração – apresentação de estados de coisas – é tributária desse envolvimento significativo prévio, pautado pelas relações práticas de atividades não linguísticas, de ocupações próprias da lida cotidiana. A fenomenologia hermenêutica propõe uma *derivação* do enunciado com base no "como"-hermenêutico da proposição, enquanto as investigações gramaticais chamam a atenção para uma relação de *dependência* entre denotação e uso, entre proposição e emprego das expressões enquanto descrições.

A afirmação de derivação ou dependência necessita de uma complementação, visto que a reconsideração da lógica e da proposição enunciativa enquanto aspecto derivado ou dependente da vida cotidiana é realizada por uma prática discursiva de natureza filosófica. O discurso que descreve as relações de dependência entre denotação e uso e de derivação entre proposição e compreensão elabora uma descrição temática da vida cotidiana. Qual é a natureza da relação entre esse discurso que tenta tornar explícita toda significatividade implícita na vida cotidiana e a própria vida cotidiana entendida como lugar primeiro do sentido? Com base na constatação da convergência na avaliação do lugar da proposição enunciativa, torna-se necessário esclarecer de que modo a filosofia é capaz de realizar concretamente sua pretensão de descrição da vida cotidiana.

CAPÍTULO III

Filosofia e cotidianidade

Desde seu início, a filosofia é entendida e praticada como uma atividade conectada com um determinado modo de viver. De acordo com Hadot, essa perspectiva que une o filosofar com o existir, que permeia a antiguidade e, de modo mais implícito, toda a história da filosofia, indica que "o discurso filosófico deve ser compreendido na perspectiva do modo de vida no qual ele é ao mesmo tempo o meio e a expressão e, em consequência, que a filosofia é, antes de tudo, uma maneira de viver, mas está estreitamente vinculada ao discurso filosófico"[1]. A expressão histórica mais radical do vínculo essencial entre pensamento e existência é, sem dúvida, a figura de Sócrates. A requisição do cuidado de si, que configurava o cerne de sua prática filosófica, sugere que o filosofar implica radicalmente um colocar-se a si mesmo em questão. Há uma unidade original que torna impossível a separação entre pensamento e existência, ainda que nem todos os aspectos dessa ligação

---

1. HADOT, P., *O que é a Filosofia Antiga?*, São Paulo, Loyola, 1999, p. 18.

essencial estejam transparentes em cada discurso filosófico explicitamente elaborado. Essa unidade é, certamente, a raiz da dimensão ética subjacente a todo impulso de reflexão filosófica; dimensão esta, entretanto, que não está explicitamente desdobrada nos textos de Heidegger e Wittgenstein[2]. Este capítulo pretende examinar o vínculo estreito entre a formulação do discurso filosófico e a opção existencial por uma forma de viver na obra de Wittgenstein e Heidegger, tomando como base as análises anteriores sobre as relações entre linguagem, pensamento e vida cotidiana apresentadas em *Ser e Tempo* e nas *Investigações Filosóficas*. Esse vínculo essencial entre discursividade e exercício do viver será visualizado em três aspectos complementares: (i) primeiro, uma discussão a respeito da diferença de horizonte entre a filosofia e a vida cotidiana, diferença que justifica intuição de que a filosofia altera qualitativamente a vida; (ii) segundo, uma discussão do tipo de transformação existencial provocado pela elaboração e aplicação do discurso filosófico em conjunção com a descrição do modo de viver gerado pela transformação, e, por último, (iii) um exame da própria natureza do discurso filosófico que altera a vida por meio de suas tematizações e análise.

III.1. A tensão entre filosofia e a vida cotidiana

"[...] todo o pensamento filosófico se funda em experiências pré-filosóficas."[3]

Entre o pensamento filosófico e a vida comum não predomina uma relação de continuidade imediata; ao contrário disso, transparece uma clara diferença de perspectiva. Tanto Heidegger quanto Wittgenstein reconhecem a distinção entre o horizonte de sentido da vida cotidiana e o horizonte de interpretação aberto pela filosofia. É

---

2. O que não exclui as tentativas de repensar a ética com base nas "contribuições" desses autores. Cf. LOPARIC, Z., Sobre a ética em Heidegger e Wittgenstein, in: *Natureza Humana* 2, jun. 2000, n. 1, p. 129-144.
3. LEVINAS, E., *Ética e Infinito*, Lisboa, Edições 70, 1988, p. 18.

evidente que não se trata de uma diferença entre níveis ou patamares hierarquizados, pois isso contaminaria desde o início a análise com valorações descabidas.

Trata-se muito mais da possibilidade de variação de perspectiva ou, para recorrer à terminologia husserliana, uma mudança de atitude. Com base na duplicidade conjugada do posicionamento do olhar e na conquista da posição, Husserl elabora a distinção entre a atitude natural inicialmente assumida na cotidianidade e a atitude fenomenológica livremente assumida por uma decisão metodológica de caráter existencial. Dessa diferença de perspectiva decorre a tensão contínua e insuperável entre a filosofia e a vida cotidiana, já que ambas são sustentadas por atitudes diversas. Em virtude dessa tensão, a filosofia é frequentemente caracterizada, por meio da sua emergência com base na vida cotidiana, como uma postura conquistada pela atividade livre do pensamento. O filosofar envolve um ato de liberdade. A ideia dessa livre mudança de posicionamento diante dos fenômenos marcado por uma (re)orientação do olhar irá governar a descrição da relação entre filosofia e vida cotidiana feita neste capítulo, especialmente no que diz respeito à mudança de perspectiva.

A postura própria do filosofar é demarcada por Heidegger por meio da distinção entre a compreensão ôntico-existenciária e a interpretação ontológico-existencial desenvolvida pela fenomenologia com a pretensão de tornar visíveis estruturas ontológicas. Entre as duas formas de concretização da compreensão predomina uma diferença radical, pois a interpretação fenomenológica da existência,

> assim como toda análise ontológica, está muito distante, com o que conquista, daquilo que é acessível à compreensão pré-ontológica do ser ou mesmo para o conhecimento ôntico dos entes. Não é de admirar que o conhecido ontologicamente pareça estranho ao entendimento comum, já que este considera apenas o que conhece onticamente (*SZ*, p. 183)[4].

---

4. Cf. também: HEIDEGGER, M., Vom Wesen des Grundes, in: *Wegmarken*, GA 9, p. 132; idem, A Essência do Fundamento, in: *Marcas do Caminho*, p. 144.

Wittgenstein diferencia a perspectiva do participante dos jogos de linguagem que se concretiza nos lances e no emprego efetivo dos sinais da perspectiva adquirida por meio do mapeamento das regiões da linguagem produzida pelas investigações gramaticais. O participante possui uma noção da paisagem que habita, mas não necessariamente é capaz de desenhá-la (Z, § 121). Essa diferença não é apresentada como uma distância significativa entre perspectivas de difícil comunicação, pois a investigação gramatical não pretende tematizar nenhum fenômeno inacessível à vida comum; apesar disso, a alteração de visada provocada pelo método implica uma nítida modificação na relação com a linguagem e seu uso. Essas considerações iniciais antecipam em que medida o discurso filosófico diferencia-se da perspectiva cotidiana: de um lado, possibilitando na analítica existencial o acesso a estruturas ontológicas veladas para a existência cotidiana; de outro, mapeando nas investigações gramaticais as práticas linguísticas nas quais estamos envolvidos diariamente. A cada vez, o discurso filosófico intervém configurando um sentido diferenciado daquele próprio à perspectiva da vida cotidiana para permitir ao ser humano uma compreensão mais aguçada do ser-no-mundo, das formas de vida em que está inserido.

A diferenciação de perspectiva conquistada pela intervenção do discurso filosófico é motivada por um pressuposto metodológico compartilhado, tanto pela analítica existencial quanto pelas investigações gramaticais. Há concordância na intuição de que a perspectiva de sentido da vida cotidiana possui uma precariedade intrínseca. Em que consiste esta última? Na tendência própria de se manter encoberta sob o manto da obviedade. Pode-se afirmar que o pressuposto de que as relações básicas entre cotidiano e linguagem estão encobertas para o próprio cotidiano é o impulso primeiro para a justificação da análise e descrição filosófica da vida, servindo também como base para avaliação da relação do filosofar com a autocompreensão vigente na vida comum. Enquanto pano de fundo não tematizado, a vida cotidiana padece de uma falta de transparência que o discurso filosófico pretende superar. É com base nessa última pretensão que se pode determinar mais detalhadamente a natureza da tensão entre filosofia e vida cotidiana.

Se a tensão resulta da alteração gerada pelo discurso filosófico, temos que entender de que modo a filosofia intervém sobre a vida cotidiana. Qual é a natureza da modificação que a filosofia institui? Por princípio, a conexão entre filosofia e vida cotidiana pode ser pensada nos termos de uma convergência ou divergência entre o filosofar e o "simples" viver. Em outras palavras, a apreciação da relação será guiada pela tentativa de saber se a filosofia pode ultrapassar a compreensão que vigora na vida ordinária para acessar fenômenos inacessíveis ao olhar dos que estão tomados pelos afazeres comuns ou se a filosofia promove uma reafirmação modificada do sentido cotidiano de viver. Para pensar acerca da diferença e tensão apontadas, partimos da seguinte problemática: em que medida o filosofar conjuga-se com a vida cotidiana? Configurando um sentido convergente ou separando-se dela ao conquistar uma leitura divergente dos seus caminhos mais rotineiros? O critério para a diferenciação será fornecido pela linguagem cotidiana, ou mais propriamente pela avaliação da sua pertinência para a filosofia desenvolvida na analítica existencial e nas investigações gramaticais.

A ideia de que a filosofia implica uma saída da perspectiva da vida comum – ou seja, que uma quebra com a compreensão que sustenta os afazeres e práticas rotineiras é uma precondição para a realização da atividade de pensamento – é uma intuição bastante antiga na história da filosofia. Essa separação aparece de diferentes modos no interior da tradição ocidental, mas possivelmente a ilustração mais paradigmática está na famosa história contada por Platão no *Teeteto* (174a):

> Conta-se que Tales estava estudando as estrelas [...], fitando fixamente, quando caiu num poço; então uma serva trácia, espirituosa e divertida, fez troça dele, porque, ela disse, ele estava curioso para saber o que estava no alto do céu, mas falhou em ver o que estava diante de si e o que estava abaixo dos seus pés. A mesma chacota aplica-se a todos os que dedicam sua vida à filosofia[5].

---

5. PLATÃO, Theaetetus, in: *Complete Works*, Indianápolis/Cambridge: Hackett Publishing Company, 1997, p. 193: "[...] they say Thales was studying the stars, Theodorus, and gazing aloft, when he fell into a well; and a witty and amusing Thracian servant-girl made fun of him because, she said, he was wild to know about what was up

Comentando a passagem citada num curso ministrado em 1935-1936, Heidegger observa que essa história de fato contém uma indicação do que é mais próprio da filosofia, pois:

> a filosofia é aquele pensar, com o qual nada se pode fazer e sobre o qual as criadas necessariamente riem. Esta determinação conceitual não é uma mera brincadeira, mas deve ser meditada. Fazemos bem em nos recordarmos de que talvez nos aconteça cair num poço, sem que seja possível encontrar um fundo [*Grund*][6].

Para Heidegger, a divergência constitutiva do filosofar com o cotidiano é positiva e radical a tal ponto que se torna necessária certa violência para romper com a solidez da compreensibilidade mediana. Não há acesso imediato ou passagem direta da vida comum para o filosofar. Desde a perspectiva da vida ordinária, as questões filosóficas parecem incompreensíveis e sem propósito. Em virtude disso, o senso comum não é referência para o filosofar, pois, "se tomamos a representação cotidiana como padrão de medida único de todas as coisas, então a filosofia será sempre algo de deslocado [*verrücktes*]. Esse deslocamento [*Verrückung*], próprio da atitude pensante, somente se realiza por meio de um arrastar [*Ruck*]"[7]. Como havia afirmado Hegel, a filosofia é "o mundo às avessas" [*verkehrte Welt*].

Não há comentário conhecido de Wittgenstein sobre essa famosa anedota relatada por Platão, entretanto podemos tentar reconstruir sua posição com base em uma estória inventada por ele e que apresenta uma situação semelhante àquela descrita por Platão. Refiro-me a uma passagem que também descreve o encontro desconcertante entre alguém na atitude filosófica e outro indivíduo que o observa desde

---

in the sky but failed to see what was in front of him and under his feet. The same joke applies to all who spend their lives in philosophy".

6. HEIDEGGER, M., *Die Frage nach dem Ding*, GA 41, Frankfurt, Vittorio Klostermann, 1984, p. 3; idem, *Que é uma coisa? Doutrina de Kant dos Princípios Transcendentais*, Lisboa, Edições 70, 1992, p. 15.

7. HEIDEGGER, M., *Die Frage nach dem Ding*, GA 41, p. 1; idem, *Que é uma coisa? Doutrina de Kant dos Princípios Transcendentais*, p. 13. É possível que a observação sobre a necessidade de arrastar a existência da cotidianidade para o filosofar seja uma referência velada à alegoria da caverna.

a perspectiva da atitude cotidiana. Nessa narrativa, publicada no texto *Da certeza*, Wittgenstein parece considerar o ponto de vista da vida comum como mais razoável diante dos despropósitos da filosofia tradicional. A cena fictícia descrita é a seguinte: "Estou sentado com um filósofo no jardim; ele diz repetidamente 'eu sei que isto é uma árvore', enquanto aponta para uma árvore que está na nossa proximidade. Outra pessoa chega e ouve isso e eu lhe digo: Este homem não é louco: estamos apenas filosofando"[8] (*DC*, § 467). Nessa descrição, o filósofo aparece como um desorientado, alguém que se comporta de modo estranho aos olhos dos que estão na perspectiva da vida comum. Uma estranheza tão intensa que pode favorecer até aproximações com a loucura ou acusações de falta de razoabilidade, pois como pode alguém não saber o que é uma árvore? Na perspectiva da investigação gramatical, o estranhamento do cotidiano diante do comportamento pouco razoável do filósofo possui sua justificativa.

Não devemos imaginar, entretanto, que rejeitando as equivocadas pretensões de profundidade da filosofia tradicional Wittgenstein favoreça a concepção defendida, por exemplo, por Moore, de que os problemas filosóficos podem ser avaliados desde a perspectiva do senso comum e da vida ordinária[9]. As investigações gramaticais e a terapêutica filosófica não se comprometem completamente com o risco da escrava trácia, apesar da afirmação de que as construções filosóficas são como "castelos no ar" (*IF*, § 118). A escrava trácia, assim como qualquer outro indivíduo que vive na compreensão cotidiana, não sabe que esse comportamento estranho e as perguntas descabidas do filósofo têm origem em confusões cujo "fundamento na linguagem" é preciso apresentar. Nesse sentido, o senso comum intui a inadequação no comportamento do filósofo, mas é incapaz de reagir às perguntas que este propõe. A perspectiva de sentido da vida cotidiana não é fonte de verdades, porque

---

8. WITTGENSTEIN, L., Über Gewissheit, in: *Werkausgabe*; idem, *Da Certeza*.
9. MOORE, G. E., *Em defesa do senso comum*, São Paulo, Abril Cultural, 1979.

um problema filosófico não admite uma resposta do senso comum. Pode apenas defender-se o senso comum contra os ataques dos filósofos resolvendo os enigmas destes, isto é, curando-os da tentação de atacarem o senso comum, e não por meio de uma nova apresentação dos pontos de vista do senso comum[10].

O senso comum não é capaz de oferecer solução para o filósofo, justamente porque não tem ideia da fonte de todas as perplexidades expressas pelas perguntas filosóficas, não percebe o porquê do seu comportamento esdrúxulo. Diante do filósofo aprisionado pelas armadilhas da linguagem, não cabe simplesmente recorrer ao saber compartilhado pelos integrantes da comunidade linguística. É necessário reorganizar esse saber em virtude da clareza a respeito da origem das perguntas filosóficas. A investigação gramatical, então, assume o partido do senso comum não para incorporar sua perspectiva de sentido, mas para reconduzir o filósofo à vida cotidiana, superando sua inadaptação. Neste movimento, Wittgenstein defende que as pretensões da filosofia tradicional podem ser adequadamente avaliadas desde a perspectiva dos jogos de linguagem factuais. A perspectiva de sentido da vida cotidiana pode ser reafirmada sem a transformação do senso comum numa verdade com valor filosófico. Sendo este o caso, qual é o cerne da diferença entre a perspectiva do senso comum e da investigação gramatical?

Na vida cotidiana não há clareza imediata a respeito da gramática dos jogos de linguagem, pois o que determina a serventia de uma palavra é algo que não necessariamente é evidente no seu emprego cotidiano. O uso de uma palavra "nas circunstâncias da nossa vida comum nos é naturalmente bem conhecido. Mas o papel, que a palavra desempenha em nossa vida, e, além disso, o jogo de linguagem no qual a empregamos, seriam difíceis de expor mesmo em traços grosseiros" (*IF*, § 156). Não percebemos essa conexão, pois ignoramos que todo emprego de uma palavra com sentido é justificado pela presença de um papel ou função que esta preenche num jogo de linguagem. Nesse

---

10. HEIDEGGER, M., Das Blaue Buch, in: *Werkausgabe*, v. 5, p. 95; idem, *O Livro Azul*, p. 104.

sentido, a destruição dos castelos no ar da filosofia acontece por meio da descrição das práticas linguísticas da vida cotidiana, tornando mais claras suas conexões, transformando a linguagem ordinária na referência central da abordagem dos problemas filosóficos. Wittgenstein afirma que "o aparato da nossa linguagem comum, nossa linguagem verbal, é *antes de tudo* o que nós chamamos 'linguagem'; e então chamamos outras por analogia ou comparação com ela" (*IF*, § 494). Não está excluída a possibilidade de construção de linguagens artificiais, mas não porque essa construção implicaria um aperfeiçoamento ou correção das linguagens naturais. Todo simbolismo inventado se torna significativo somente ao servir a alguma finalidade específica: por exemplo, o favorecimento da atividade científica[11].

Nas *Investigações Filosóficas* é possível perceber uma centralidade da linguagem ordinária. Em primeiro lugar, há uma centralidade temática, pois quando visualizamos a linguagem nas investigações gramaticais não estamos lidando com formas lógicas, ideais e sublimes, mas com a factualidade da linguagem concreta. De acordo com Wittgenstein, "nós falamos sobre o fenômeno espacial e temporal da linguagem; não de uma não coisa atemporal e espacial" (*IF*, § 108). Há centralidade, em segundo lugar, na medida em que as investigações gramaticais não introduzem nenhuma terminologia técnica exterior à linguagem comum. Não há linguagem alternativa para a descrição da linguagem inserida na vida prática cotidiana, porque, "quando eu falo sobre linguagem (palavra, proposição etc.), eu tenho que falar a linguagem do cotidiano" (*IF*, § 120). É também por meio do vocabulário que as investigações gramaticais nos relembram que "nós temos que permanecer junto às coisas do pensamento cotidiano" (*IF*, § 106). É claro que a ausência de uma terminologia rígida e da pretensão do uso de

---

11. Cf. WITTGENSTEIN, L., Das Blaue Buch, in: *Werkausgabe*, v. 5, p. 52; idem, *O Livro Azul*, p. 62: "É um erro afirmar que em filosofia consideramos uma linguagem ideal em contraste com a nossa linguagem comum. Isso poderia levar-nos a crer que podíamos fazer coisa melhor que a linguagem comum. Mas a linguagem comum é perfeita. Sempre que produzimos 'linguagens ideais' não o fazemos para substituir a nossa linguagem comum por elas, mas apenas para eliminar alguns problemas que decorrem do fato de alguém pensar que entrou de posse do uso exato de uma palavra vulgar".

superconceitos (*IF*, § 97) não impede, todavia, que Wittgenstein reúna uma série de noções e conceitos e os utilize na elaboração do discurso filosófico das investigações gramaticais[12].

Desde essa ótica, a filosofia tradicional em vez de abrir o acesso ao conhecimento de essências ocultas, ampliando o campo de conhecimentos, nos torna na verdade incapazes de ver o funcionamento da linguagem (*IF*, § 11). Para Wittgenstein, o que impossibilita a pretensão da filosofia tradicional de ultrapassar a significatividade da vida cotidiana é a própria linguagem ordinária em suas ligações com as formas de vida. A quase identificação entre sentido e uso (*IF*, § 43) implica que toda linguagem é parte de um contexto mais amplo de práticas sociais no interior do qual o uso das palavras pode tornar-se relevante.

A ênfase na dimensão pragmática reforça a interpretação instrumental, promovendo a operacionalidade como critério de demarcação dos limites do sentido. De fato, o que conecta concretamente o significado de uma palavra ou sinal com o uso que fazemos dela é o preenchimento de uma função. Como a linguagem se concretiza na utilização de sinais que demonstram alguma funcionalidade contextual, o falante é aquele que possui o domínio da técnica de uso das palavras de acordo com o adestramento ao qual foi submetido por intermédio do processo de socialização. É esse entrelaçamento da linguagem com o espaço das nossas atividades cotidianas que justifica o questionamento constante de sua serventia. Em consideração a qualquer palavra, mas especialmente diante daquelas palavras que despertam o fascínio no entendimento humano, cabe perguntar: "Para que são utilizadas essas palavras?" (*IF*, § 96) Para que palavras não caiam na esfera do contrassenso tem que ser possível, pelo menos, conceber um jogo de linguagem no interior do qual elas podem ser empregadas. Palavras que não pertencem a atividades "não servem para nada" (*IF*, § 398).

---

12. São exemplos claros dessa "terminologia", aplicada para expor a perspectiva de interpretação gramatical da cotidianidade, palavras como jogo de linguagem, ensino ostensivo, formas de vida, e distinções conceituais como gramatical/empírico, essencial (conceito)/fato, saúde/doença etc.

Filosofia e cotidianidade

Ao diferenciar-se da perspectiva da vida cotidiana, as investigações gramaticais descrevem os problemas que acompanham a saída da cotidianidade promovida pela filosofia tradicional. De acordo com essa descrição, quem filosofa afasta-se da concretude da vida cotidiana e perde a familiaridade com as circunstâncias, os hábitos e as práticas. Quem filosofa torna-se um desorientado, por isso "um problema filosófico tem a forma: 'eu não sei o contexto'" (*IF*, § 123). O distanciamento emerge da tentativa de utilizar certas palavras de modo inadequado, de forma que a filosofia tradicional não é outra coisa senão o conjunto de usos estranhos das palavras (*IF*, § 38). Ou seja, a filosofia é o resultado da interrupção do trabalho efetivo do uso e ocorre quando a operacionalidade do emprego é prejudicada. No interior do discurso filosófico, as palavras são como engrenagens fora da máquina que giram no vazio (*IF*, § 132); são como o feriado (*IF*, § 38), em que a linguagem não trabalha de fato ao não preencher suas funções rotineiras. Filosofar é, em suma, dizer coisas sem propósito com a intenção de realizar descobertas por intermédio do exame de palavras; por isso:

> quando os filósofos usam uma palavra – "saber", "ser", "objeto", "eu", "proposição", "nome" – e procuram apreender a *essência* da coisa, deve-se sempre perguntar: essa palavra é usada de fato desse modo na pátria em que ela existe? *Nós* reconduzimos as palavras do seu emprego metafísico para seu emprego cotidiano (*IF*, § 116).

Sem dúvida que o parâmetro para diferenciar o sentido do contrassenso é o uso cotidiano das palavras, ou seja, a rede de conceitos que formam nossa imagem de mundo. Como vimos, essa reafirmação não deve ser entendida como a mera defesa da compreensão mediana diante das interrogações filosóficas, pois não se trata de afirmar que as coisas são como aparecem ao senso comum. Se um indivíduo partindo da naturalidade da experiência comum reage inadequadamente diante das dificuldades apresentadas pelos filósofos, isso não se deve ao seu aprisionamento no domínio da aparência e da superficialidade. Se há uma distinção entre a filosofia tradicional e a vida cotidiana é porque o filósofo está confuso ao ponto de não utilizar a linguagem aplicando as regras gramaticais usuais. O desentendimento e a impossibilidade de conversação entre o senso comum e a filosofia se devem à existência de atitudes distintas diante da linguagem ordinária; desse modo, a ideia de uma filosofia do senso comum revela-se inadequada. É necessário reconhecer que um filósofo do senso comum, como Moore, "não é o homem do senso comum"[13]. O homem comum não está interessado imediatamente em problemas pretensamente filosóficos, muito menos pretende ter respostas para esses problemas.

Em vez de tentar retirar do senso comum verdades para debater problemas filosóficos, como faz Moore, Wittgenstein se propõe a dissolver os problemas filosóficos com base em um método de análise da linguagem. Ainda assim, a meta central das investigações gramaticais é criar condições propícias para que o indivíduo, desviado pelos desusos das palavras na filosofia, possa ambientar-se novamente naquele contexto no qual já se encontra e do qual não deveria ter saído. Nesse sentido comenta Stern:

> Wittgenstein comparou uma vez o filósofo debatendo-se com um problema filosófico com alguém que tenta abrir uma porta fechada, mas não trancada, empurrando-a na direção errada. Mas em vez de defender um sistema alternativo aos conceitos tradicionais da existência humana, como fez Heidegger, ele considerou que a tarefa da filosofia deveria ser a de nos reconduzir aos conceitos que estão presentes da nossa linguagem comum[14].

Em direção contrária a essa recondução, a analítica existencial não toma o horizonte de sentido constituído nessa esfera das atividades práticas como parâmetro para avaliação do discurso filosófico. Há uma tensão na analítica existencial entre a cotidianidade mediana que constitui o solo fenomenológico inicial de descrição e o progressivo afastamento dessa esfera com base em fenômenos existenciais que quebram com a familiaridade própria da vida esquecida de si da existência imprópria. Em *Ser e Tempo*, o cotidiano é interpretado como o solo fenomenal

---

13. WITTGENSTEIN, L., Das Blaue Buch, in: *Werkausgabe*, v. 5, p. 80; idem, *O Livro Azul*, p. 90.
14. STERN, D., Heidegger and Wittgenstein on the Subject of Kantian Philosophy, in: KLEMM, David E., ZÖLLER, Günter (Hg.), *Figuring the Self: Subject, Absolute, and Others in Classical German Philosophy*, p. 254.

inicial da analítica existencial porque permite apanhar a existência humana numa forma corriqueira e indiferente de viver. Entretanto, no decorrer da analítica o horizonte de sentido do cotidiano é rejeitado como instância última para a interpretação filosófica ao se revelar determinado pela perdição da existência decaída. Apesar dessa leitura crítica, a analítica existencial não estabelece uma identidade fixa entre cotidianidade e impropriedade, porque de alguma maneira a existência própria altera suas práticas e atividades rotineiras, deixando entrever a possibilidade de outra vida cotidiana. No entanto, de início e na maior parte das vezes, a existência deixa-se determinar pelo impessoal e pela decadência, já que há uma espécie de tendência constitutiva da existência para fugir de si mesma. Na decadência, a existência tenta afastar-se da finitude radical, ou seja, da negatividade da falta de fundamento, caindo de si mesma no mundo.

A queda no mundo acontece sob dois aspectos fundamentais: implica, de um lado, deixar-se guiar pela interpretabilidade da publicidade do impessoal e, de outro, é um ser tomado, absorvido pelo mundo de ocupações cotidianas. Nesses termos, a decadência é um modo de concretização do ser-junto-ao mundo de ocupações e do ser-com os outros no qual a existência não é ela mesma:

> De início, o ser-aí já caiu sempre de si mesmo enquanto poder-ser si-mesmo próprio e decaiu no "mundo". O estar-decaído [*Verfallenheit*] no "mundo" indica o absorver-se na convivência na medida em que esta é conduzida pelo falatório, curiosidade e ambiguidade. O que anteriormente chamamos de impropriedade do ser-aí recebe agora, com a interpretação da decadência, uma determinação mais precisa (*SZ*, p. 177).

Entre os três momentos da decadência mencionados, o falatório, ou seja, a linguagem em sua manifestação cotidiana, possui preeminência porque sustenta a interpretação pública que configura o horizonte de sentido herdado, o pano de fundo incontornável de toda compreensão possível:

> Este tipo de interpretabilidade do falatório já se consolidou no ser-aí. Muitas são as coisas que chegamos a conhecer primeiramente desta

maneira, e não poucas as que jamais conseguirão ultrapassar uma tal compreensão mediana. O ser-aí nunca consegue escapar a essa interpretabilidade cotidiana em que cresce. Toda compreensão, interpretação ou comunicação, toda redescoberta e nova apropriação se realiza nela, com base nela e contra ela (*SZ*, p. 169).

O fascinante da linguagem é sua capacidade de resguardar e manter esse sentido articulado nos próprios pronunciamentos. Sendo a linguagem um pronunciamento do discurso, uma manifestação da significância articulada do mundo, é nela que está localizada a interpretação pública vigente num certo mundo histórico que antecipa as decisões e escolhas da existência regulamentando seus passos (*SZ*, p. 268). Pode-se dizer, portanto, que em certa medida a decadência é um decair nos significados da linguagem. A decadência

> é, antes de tudo, quando o circuito da fala, engrenado ao da comunicação, transmite a interpretação comum, pública, anônima, repetitiva e reflexa, a *decaída na e pela linguagem*, já convertida em instrumento manipulável. Então a linguagem é a linguagem de todos e de ninguém; gastas pelo consumo, manejáveis pelo seu valor de troca no mercado das significações estabilizadas que a gente negocia, convertidas na gestualística verbal do falatório, da parolagem, as palavras fecham-nos ao mundo[15].

A linguagem ordinária é, do mesmo modo que nas *Investigações Filosóficas*, o lugar primário da articulação de sentido, mas esse sentido é expressão de um fechamento da existência para si mesma e para os fenômenos. De que modo a linguagem realiza esse fechamento, esse velamento dos fenômenos?

Heidegger diferencia em *Ser e Tempo* o tema de um discurso, ou seja, o que é visado como tema [*Beredete*] do que é expresso na linguagem, o dito [*Geredete*][16]. Todo discurso enquanto um discorrer possui

---

15. NUNES, B., Heidegger e a Poesia, in: *Natureza Humana* 2 (1):103-127, 2000, p. 110.
16. São quatro os momentos constitutivos do discurso: 1. Referencial ou tema: sobre-o-quê; 2. O discorrido: o que é dito pelo discurso a respeito do tema, seu conteúdo; 3. Comunicação: dimensão pública e compartilhada do dito a respeito do

um "sobre-o-quê", ou seja, um tema ou um fenômeno em direção do qual o sentido é articulado por intermédio do que é dito. A presença do tema ou fenômeno a respeito do qual o discurso é dito revela a direção ontológica da linguagem. Esse momento constitutivo do discurso não é encontrável apenas nos contextos em que a linguagem assume a tarefa de apresentar o mundo, por exemplo no caso da atribuição de propriedades realizada pela linguagem proposicional, pois "o sobre-o-quê do discurso não tem necessariamente, e na maior parte das vezes, sequer o caráter de tema de uma proposição determinante" (SZ, p. 161-162). A relação do discurso com um fenômeno permeia toda e qualquer articulação de sentido, pois é expressão estrutural do enraizamento do discurso na abertura enquanto relação significativa com os entes descobertos em seu ser.

Todo discurso autêntico, isto é, que não seja parte do falatório, contém essa relação ontológica com um tema que funciona como "referente", pois

> ao discurso pertence aquilo sobre o que se discorre [das beredete worüber]. O discurso dá indicações acerca de algo e isso numa determinada perspectiva. Daquilo sobre que discorre, o discurso extrai o que diz enquanto este discurso, o dito [das Geredete] enquanto tal. O discurso enquanto comunicação torna acessível o dito aos outros, na maior parte das vezes por intermédio da verbalização da língua (SZ, p. 272).

Heidegger não está negando a possibilidade de que no discurso o dizer não atinja o seu tema; está evidenciando a relação inevitável da linguagem com os fenômenos que unicamente permitem avaliar em que medida um dito qualquer possui densidade ontológica ou não. No discurso, a linguagem expressa a relação constitutiva da existência com o ser, elaborando um dizer que retira do tema em questão os parâmetros do que afirma.

---

sobre-o-quê; 4. Anúncio ou notificação: a presença em toda expressão discursiva de uma tonalidade afetiva, por exemplo, sob a forma da entonação, dicção etc. Cf. SZ, § 34, p. 162.

A comunicação própria consiste, então, em compartilhar com o interlocutor o sobre-o-quê do discurso por intermédio do que é dito sobre ele. A linguagem realiza sua função reveladora se consegue expor, pelo discurso, o tema para um interlocutor, permitindo o encontro com o que é tematizado. Em outras palavras, somente quando remete para o sobre-o-quê, para o tema efetivo, é que o discurso é mostrador, revelador, capaz de configurar a abertura do mundo numa perspectiva de verdade. É justamente essa dimensão ontológica que se perde na conversação cotidiana dominada pelo falatório. Comenta Heidegger na *Carta sobre o Humanismo*:

> o que foi dito sobre o "impessoal" em *Ser e Tempo* (1927) nos parágrafos 27 e 35, de modo algum deve ser reduzido a uma contribuição incidental à sociologia. O "impessoal" tampouco se refere à imagem oposta, compreendida de modo ético-existenciário, do ser-si-mesmo da pessoa. Ao invés disso, o que foi dito contém uma indicação, pensada com base na verdade do ser, à pertinência inicial da palavra com o ser[17].

Nessa concepção, é somente porque pertence originalmente ao ser que a linguagem pode perder sua referência ontológica. Só porque a linguagem pertence fundamentalmente à abertura é que pode acontecer um movimento de fechamento sob a forma do falatório. Esse modo de ser cotidiano da linguagem consiste num falar que desconsidera as relações essenciais entre o dito e o sobre-o-quê do discurso. Na vida cotidiana, a existência não ultrapassa a compreensão mediana sedimentada na linguagem, contentando-se com o dito no discurso sem aprofundar sua relação com o sobre-o-quê, ou seja, permanecendo no dizer sem direcionar-se para seu tema. Em termos de contraste, o falatório é o contrário de uma apropriação originária daquilo de que se fala, ou seja, uma comunicação deteriorada que permanece na linguagem sem recuperar o sobre-o-quê do discurso. Desse modo, ocorre na decadência cotidiana uma sobreposição da linguagem sobre os fenômenos, de

---

17. HEIDEGGER, M., Brief über den Humanismus, in: *Wegmarken*, GA 9, p. 317-318; idem, Carta sobre o Humanismo, in: *Marcas do Caminho*, p. 330-331.

maneira que o referencial, o tema das conversas, é encoberto pela compreensão cotidiana fixada na linguagem cotidiana. O referente, desde onde o discurso próprio retira o que é dito, é encoberto pelo dizer.

Num curso ministrado em Marburgo, Heidegger descreve de modo bastante radical essa sobreposição do discurso sobre as experiências, afirmando que na cotidianidade "nós não falamos sobre o que vemos, mas, ao contrário, nós vemos o que se fala sobre as coisas"[18]. O predomínio do sentido público veiculado pelo impessoal nos separa das coisas por intermédio da interpretação dominante que incorporamos sem problematizar. A perda da referência do discurso é o sinal do desenraizamento da existência, uma manifestação da submissão inicial às aparências e ao velamento. O falatório, modo cotidiano da linguagem, é uma expressão de "fechamento, em razão da própria abstenção de retornar à base e ao solo do referencial [*Beredeten*]" (*SZ*, p. 169).

Enquanto modo de ser cotidiano da linguagem, o falatório predomina justamente no lugar primeiro de concretização da fala, ou seja, na comunicação cotidiana. Assim como a própria linguagem, a comunicação assenta na significância de um mundo histórico compartilhado por meio de uma tradição. É com base nesse mundo que a coexistência é articulada pela partilha de significados comuns. Por causa de seu caráter mundano, a comunicação não pode ser adequadamente descrita como a "transposição de vivências" subjetivas, não visa informar o outro das ocorrências psíquicas inacessíveis que cada interlocutor possui, mas procura "trazer o ouvinte para a participação no ser aberto para o referencial discursado no discurso" (*SZ*, p. 168). No entanto, a decadência impossibilita, de início e na maior parte das vezes, que a comunicação aconteça sob a forma de um aprofundamento da relação comum com o sobre-o-quê do discurso. Na conversação cotidiana pode-se constatar uma espécie de deficiência, pois não se compreende "[...] tanto o ente falado, mas só se escuta aquilo que se falou no falatório. O falado é compreendido e o sobre-o-quê só mais ou menos, por alto.

---

18. Heidegger, M., *Prolegomena zur Geschichte des Zeitbegriffs*, GA 20, Frankfurt, Vittorio Klostermann, 1994, p. 75.

O *mesmo* é visado porque se compreende em comum o dito numa mesma medianidade" (*SZ*, p. 168). Nessa perspectiva, é a operacionalidade da linguagem em seu emprego contínuo que se torna um obstáculo para a articulação de sentido na medida em que desfaz a relação ontológica do discurso em prol de um circuito fechado que conduz de palavra a palavra, dito a dito, sem alcançar o que está sendo visado e tematizado no discurso.

A perda da relação direta com os fenômenos na comunicação desenraizada é, até certo ponto, fortalecida pela repetição e reprodução do que é dito pelos outros. A inexistência de uma apropriação originária do sobre-o-quê com base no dito acontece na mesma medida em que falas, dizeres, não são tomados como indicações dos fenômenos. Ao contrário disso, sinais remetem a outros sinais, o que é dito é repetido e reproduzido. O falatório configura um circuito de conversação no interior do qual o uso das palavras gera um desgaste do seu poder mostrador, um empobrecimento gerado pela repetição. Na vida cotidiana, o discurso

> nunca se comunica na forma de uma apropriação originária desse ente, mas por intermédio do *repetir e passar adiante* a fala. O falado enquanto tal alcança círculos cada vez mais amplos e assume um caráter autoritário. A coisa é assim porque a gente o diz. O falatório constitui-se nessa repetição e passa adiante, por intermédio da qual a falta inicial de enraizamento cresce até uma falta de fundamento (*SZ*, p. 168).

A falta de enraizamento consiste na ausência de uma relação primária com os entes tematicamente visados no discurso. Sem a confrontação direta com as "coisas mesmas", a compreensão perde completamente de vista que todo discurso é um convite para retomar nossa relação primeira com as coisas.

Essa descrição torna claro, desde outra perspectiva, de que modo *Ser e Tempo* distancia-se do ponto de vista pragmatista e do compromisso com a instrumentalidade da linguagem. Para Heidegger, não basta que a linguagem cumpra suas funções cotidianas, que ela seja empregada contextualmente, pois o que destitui a dimensão de abertura ontológica da linguagem é justamente quando ela expressa "apenas" as circunstâncias da vida cotidiana. Constitutivamente, "o discurso cotidiano é absorvido pela ocupação e pelo falar do ente-à-mão" (SZ, p. 187). Na cotidianidade, a linguagem não deixa transparecer a experiência ontológica no interior da qual a existência acontece continuamente.

É a absorção da linguagem pelo cotidiano que torna as práticas linguísticas inapropriadas para as tarefas da fenomenologia. Desse modo, pode-se afirmar que a comunicação cotidiana dominada pelo falatório funciona como um critério negativo dos diálogos filosóficos. Temos na vida cotidiana um falar desenraizado que encobre os fenômenos por intermédio da compreensão mediana da interpretação pública e da continuação reprodutora das tradições. A consequência dessa compreensão sem apropriação originária do que é compreendido, que não é nada mais do que a mera presunção de ter compreendido, é a tendência própria do falatório de "reprimir, postergar e retardar toda nova interrogação e discussão" (SZ, p. 169). Heidegger afirma que quando a existência está nesta condição, sob o domínio do impessoal, impedida de questionar-se, pode-se dizer que lhe foram cortadas suas "relações ontológicas primárias e originárias" (SZ, p. 170).

Em contraposição a essa tendência de perdição na linguagem, a filosofia é concebida como o exercício de uma comunicação enraizada na medida em que desenvolve um dizer que mostra interpelando o ente no "como" da sua mostração. Desse modo, o filosofar pressupõe uma tensão inevitável com a interpretação pública impessoal, pois está marcado pela "apreensão modificada da cotidianidade" (SZ, p. 179). O horizonte de sentido no qual se movimenta a vida cotidiana tem que ser superado em Ser e Tempo por intermédio da formulação de uma conceitualidade alternativa da comunicação diária. O sinal mais claro da ultrapassagem da vida cotidiana pelo discurso fenomenológico acontece por meio da tese de que a perspectiva de compreensão cotidiana não repousa em si, que a significatividade corriqueira, assim como todo e qualquer horizonte de sentido, é possibilitada pela temporalidade originária da existência humana.

A analítica existencial e as investigações gramaticais constatam que a linguagem é capaz de produzir ídolos ao perder o que lhe é mais próprio, apesar da clara diferença na descrição dessa destituição. Para Wittgenstein, a perda é gerada pela retirada da palavra do jogo de linguagem em que está primariamente inserida, ou seja, acontece por intermédio da tentativa de sair das práticas cotidianas. Para Heidegger, a perda é gerada pelo ofuscamento de sua pertença à abertura – concretizada na simples circulação das palavras na conversação cotidiana –, dominado pela interpretação pública do impessoal que as desconecta de suas referências ontológicas. O vazio que transparece na linguagem é a cada vez uma separação da existência de si mesma, seja sob a forma da separação como distanciamento da práxis diária de emprego dos sinais, seja a separação como perda da relação ontológica que acompanha toda significatividade. De um modo ou de outro, ao desconsiderar a linguagem na sua presença constitutiva a existência se desencaminha, gerando a necessidade da filosofia.

Essa diferença fundamental na concepção do modo mais próprio de realização da linguagem será determinante para a avaliação da natureza da alteração que o exercício filosófico opera na existência. A cada caso o ponto de partida da modificação será concebido de modo diferente, já que importa bastante a opção entre avaliar se é a existência que foge de si mesma dissipando os vínculos ontológicos do discurso como concebe a fenomenologia hermenêutica ou se é a linguagem que desvia a existência de si mesma por intermédio de suas armadilhas sutis, como aponta a investigação gramatical. De qualquer forma, a descrição das relações entre linguagem e cotidianidade visa alterar atitudes, por isso a possibilidade da transformação existencial mediada pelo discurso desperta várias questões e dificuldades. Como a filosofia torna-se capaz de permitir a vida cotidiana, a clareza e a transparência que esta não possui imediatamente? Como a elucidação é atingida com base nas rotinas e práticas ordinárias? A descrição da vida cotidiana não pretende apenas explicitar um sentido por meio de conceitos e descrições, mas promover um exercício efetivo diferenciado da própria vida cotidiana pela aplicação dos conceitos. A filosofia, no sentido alternativo a ser conquistado, é em si mesma viva, e não apenas uma tematização da vida.

III.2. Transformação existencial como condição do filosofar

> "Ao invés das conjecturas e explicações tumultuosas, nós queremos colocar o exame sereno de fatos linguísticos."
>
> (Z, § 447)
>
> "Mas a filosofia, de acordo com sua essência, nunca torna as coisas mais fáceis, mas sim mais pesadas."[19]

Por causa do vínculo estabelecido com a vida cotidiana, *Ser e Tempo* e *Investigações Filosóficas* são textos que não podem ser abordados como meros veículos de transmissão de informações e conteúdos, pois estão construídos literariamente de modo a pressupor uma transformação de quem lê como condição de seu entendimento. A necessidade da mudança de atitude como pressuposto ou como consequência da leitura revela a filosofia tal qual uma atividade livremente assumida que expressa independência existencial. Por estar completamente baseado numa consistência intrínseca à vida, o filosofar manifesta, de certo modo, a liberdade como determinação central da existência.

É justamente porque é expressão de autonomia que a atividade filosófica exige alteração de perspectiva e promove a própria disseminação por intermédio da comunicação. É preciso, portanto, reconhecer que o discurso filosófico sempre implica, ainda que sub-repticiamente, uma *exhortatio ad philosophiam*. No caso específico do filosofar que parte das significações da cotidianidade reconhecendo seu primado, não é possível apresentar somente uma descrição das conexões de sentido no qual está situada a vida, pois o discurso intervém alterando o exercício do existir. Desse modo, ao descobrir seus vínculos com a vida cotidiana, a filosofia transforma-se, ela mesma, numa experimentação

---

19. HEIDEGGER, M., *Einführung in die Metaphysik*, GA 40, Frankfurt, Vittorio Klostermann, 1983, p. 13; *Introdução à Metafísica*, trad. Emmanuel Carneiro Leão, Rio de Janeiro, Tempo Brasileiro, 1978, p. 41.

existencial. O discurso filosófico pode ser encarado como um contínuo movimento transformador de proveniência e retorno à vida cotidiana. Nessa perspectiva, a filosofia é simultaneamente expressão e alteração da vida cotidiana.

No caso de Wittgenstein, a pretensão de gerar um impacto existencial não é uma exclusividade das *Investigações*, pois já no *Tractatus* é perceptível a tentativa de combinar numa mesma articulação a dimensão ético-metafísica da existência com uma investigação lógico-analítica da linguagem. Na superfície do texto escrito, acompanhamos uma investigação crítica sobre os limites da linguagem significativa, ou seja, uma análise das condições de possibilidade do sentido. Nas entrelinhas do texto e com base em outras referências é possível constatar um conjunto de indicações a respeito da questão da orientação fundamental da vida como cerne das intenções do autor[20]. Um sinal claro dessa orientação é o fato de que o texto culmina com uma injunção à interrupção de investigações teórico-científicas a respeito do sentido da vida. Os eixos fundamentais da existência (bondade, beleza e sacralidade) extrapolam os limites da expressão linguística significativa por intermédio de teorias. Nessas relações centrais, portanto, não cabe uma abordagem científica que as explicita por determinações objetivas; a realização efetiva da prática vital é autossuficiente. A requisição de silêncio apresentada no último aforismo abre a possibilidade de uma contemplação profunda do mundo como totalidade com base numa experiência mística que o leitor ou leitora pode experimentar depois de lançar a escada fora. A solução do problema da vida acontece justamente quando a vida deixa de ser considerada um problema teórico a ser resolvido por concepções científicas (*TLP* 6.521), quando a vida é "simplesmente" vivida por meio das experiências concretas mais fundamentais.

O vínculo entre discurso filosófico e transformação existencial reaparece nas *Investigações Filosóficas* sob outra configuração. Nesse caso,

---

20. A referência mais importante a respeito da dimensão existencial do *Tractaus* é a carta que envia para Ludwig von Ficker, em que afirma que o sentido deste livro é ético. Cf. Pinto, P. R. M., *Iniciação ao Silêncio*, p. 298.

o texto é construído como exercício de esclarecimento que se desdobra sob a forma de um diálogo contínuo reproduzindo mimeticamente um processo terapêutico. De modo análogo ao *Tractatus*, a vida apropria-se de si mesma sem pretender um distanciamento, sem recorrer à abordagem teórico-científica. Desta vez, no entanto, a intuição de que a vida pode acessar a si mesma sem desvios teóricos não é conquistada por intermédio de um jogar-se consciente contra os limites do dizível, mas por uma confrontação com os fantasmas e ilusões incorporados pelos falantes por meio da utilização da linguagem. A incompreensão da linguagem equivale a padecer de uma doença do entendimento cujas principais manifestações podem ser perceptíveis na atitude diante da linguagem e no modo de movimentar-se na vida cotidiana[21].

A origem das dificuldades filosóficas é o fascínio que certas expressões despertam em nós como se apontassem para algo profundo. Em virtude dessa atratividade, certas palavras despertam em nós a necessidade de um vínculo especial, de tal modo que estabelecemos com elas um compromisso forte. O apego a certas expressões linguísticas demonstra uma tendência contínua de aplicá-las como se elas fossem determinantes para a compreensão. Essa é a natureza da doença

---

21. Há pelo menos uma ocorrência de aplicação, pela fenomenologia hermenêutica, do par conceitual saúde-doença na descrição da vida cotidiana. Na preleção *Ontologia (Hermenêutica da Facticidade)*, Heidegger observa, numa consideração metodológica a respeito das dificuldades de atingir o olhar fenomenológico, que "a conquista desta via de visualização pode e deve ser apoiada, profilaticamente, por meio do rechaço de outros pontos de vista *aparentemente* afins [...]". Cf. *Ontologie (Hermeneutik der Faktizität)*, GA 63, § 16, p. 80. Os procedimentos fenomenológicos visam prevenir a deturpação dos fenômenos pela existência cotidiana, enfrentando, diretamente como uma profilaxia, a perspectiva inadequada predominante na mediania. É o caso da indicação formal, que possui uma dimensão preventiva e proibitiva perante a tendência da vida fática para encobrir a si mesma, por não querer experimentar o horror diante do estar-aí. Cf. idem, ibidem, § 6, p. 32. É compreensível, entretanto, que Heidegger não tenha aplicado de modo sistemático esse par conceitual, pois isso tornaria mais evidente o caráter polêmico e controverso da tese ontológico-existencial de que a existência é essencial e não casualmente decadência (*SZ*, § 44, p. 221-222). Numa aplicação consequente do mencionado par conceitual, essa tese consistiria na afirmação de que a vida fática é essencial e não casualmente doente. Afirmação tão difícil de aceitar imediatamente quanto a anterior, muito embora a problematicidade da tese esteja mais patente nesta segunda formulação.

filosófica: o apego a expressões linguísticas específicas como se elas oferecessem a porta de acesso ao essencial. Como afirma Wittgenstein na *IF*, § 254: "E disso se trata, na filosofia, somente lá em que nossa tarefa é expor psicologicamente com exatidão a tentação de usar determinados modos de expressão. O que 'somos tentados a dizer' em um tal caso não é, naturalmente, filosofia; mas sua matéria-prima". O tema da terapia é, portanto, a fixação em certas expressões, que são frequentemente empregadas e dificilmente dispensadas. A filosofia tradicional demonstra claramente o nível do apego alcançado não apenas rejeitando o abandono ou substituição dessas expressões por outras menos fascinantes, mas também pela busca contínua de um refinamento do seu sentido, como se a definição ou o esclarecimento fosse um meio de aprofundamento da compreensão.

Essa tendência necessita de tratamento, antes de tudo, porque a aparência de profundidade gerada pela expressão linguística é uma ilusão gramatical sustentada por um *pathos* (*IF*, § 110) que a fortalece. O elemento emocional exemplifica de modo bastante claro o caráter vital dos problemas filosóficos, em que medida eles afetam o existir. A característica principal do *pathos* próprio aos problemas filosóficos é a inquietação profunda (*IF*, § 111). Se a fascinação com certas expressões linguísticas é arriscada e precisa nos importar, isso se deve antes de tudo a ela estar frequentemente marcada por uma combinação perigosa entre desassossegos existenciais e incompreensões do funcionamento linguístico. Além das armadilhas da linguagem, Wittgenstein detecta uma contribuição existencial para o surgimento dos pseudoproblemas filosóficos, na medida em que reconhece no ser humano uma "tendência para a má-compreensão" (*IF*, § 109) que tem que ser exposta como tendência psicológica (*IF*, § 254). Nessa perspectiva justifica-se a constatação de tentações, impulsos do ser humano na relação com a linguagem. A conjugação entre as tendências existenciais e as armadilhas linguísticas é perigosa porque gera a impressão equivocada de que a superação da inquietação existencial pressupõe a solução de problemas relativos a fenômenos demarcados por aquelas expressões linguísticas, ou seja, depende da intuição de essência.

Essa junção está na raiz da segunda manifestação da doença filosófica, pois, além de implicar uma maneira inadequada de lidar com a linguagem ordinária, a doença também gera uma incapacidade de dar continuidade à vida cotidiana, ou seja, de lidar com as circunstâncias usuais e viver a vida tal como é vivida numa certa comunidade. Em outras palavras, a confusão linguística está sempre acompanhada de desorientação prática: "um problema filosófico tem a seguinte forma: eu não sei me orientar" (*IF*, § 123). Não é casual, portanto, que filósofos indefesos caiam em buracos por distração diante da linguagem, que fiquem presos em garrafas como moscas ou se percam em florestas[22].

O primeiro passo do tratamento consiste em tornar evidentes ao paciente como suas preocupações primárias nascem de uma incompreensão da linguagem por intermédio da apresentação de uma visão panorâmica das práticas linguísticas. A dissolução das incompreensões

---

22. É digno de nota que a "desorientação" possa ser assumida como característica positiva da interrogação filosófica, ou seja, não como uma consequência negativa a ser evitada, mas como um aspecto constitutivo a ser assumido. Um exemplo dessa postura é fornecido por Heidegger. Na coletânea de textos, publicada em 1950, intitulada "*Holzwege*", ele esclarece no início da obra que a expressão do título remete a certo tipo de caminhos da floresta, aqueles que estão "emaranhados e se interrompem repentinamente no não trilhado". Cf. HEIDEGGER, M., *Holzwege*, GA 5, Frankfurt, Vittorio Klostermann, 2003. Esses "caminhos que não levam a lugar nenhum" são formados pelos lenhadores que entram na floresta para pegar madeira e voltam por onde vieram, traçando assim um percurso que acaba sem atingir um ponto de chegada. De acordo com Heidegger, a interrogação filosófica possui uma estrutura análoga, pois está sempre a caminho num trajeto sem direção clara e que inevitavelmente irá interromper-se sem atingir nenhuma conclusão. De fato, no alemão corrente a expressão "*auf dem Holzweg sein*" (estar no caminho da floresta) significa estar num caminho errado, ter-se equivocado ao seguir uma trilha que não leva a nenhum lugar. De acordo com os resultados da analítica existencial não somos decadentes ocasionalmente, mas constitutivamente; por isso, a história tem a dinâmica da errância na não verdade. Assim como Descartes, Wittgenstein não concorda com a concepção da filosofia enquanto atividade sem direção, marcada pela errância da existência. Em vez disso, propõe uma estratégia para superação da situação de desorientação, mas não por meio da aplicação de um método preciso formulado pela razão (escolher uma direção e seguir em linha reta até alcançar a saída da floresta), mas por intermédio da produção de um mapa das diferentes regiões das nossas práticas linguísticas que impeça todo e qualquer descaminho linguístico. De qualquer modo é evidente, pela maneira como percebem e descrevem o caminhar numa floresta, que nenhum desses pensadores era indígena, ou seja, um ser humano experimentado, sem perdição, na integração com a ambiência natural.

geradas por confusões linguísticas determina a dinâmica de vários momentos dialógicos do texto das *Investigações Filosóficas*. Na maior parte dos casos, temos duas vozes conversando. De um lado, um interlocutor que apresenta as tendências e tentações de quem está confuso linguisticamente. Essa voz da tentação desenvolve reflexões filosóficas, porque está comprometida com certas expressões linguísticas pressupondo que podemos desvendar os fenômenos indicados pela linguagem. De outro lado, aparece uma segunda voz que coloca questões e apresenta descrições de práticas linguísticas com intuito terapêutico de liberar o primeiro interlocutor deste compromisso.

Evidentemente que a voz da tentação é, do ponto de vista da construção textual, um lugar vazio que tem que ser ocupado por quem lê para que o processo terapêutico tenha efetividade. É necessária tal identificação, pois somente assim nos tornamos capazes de aprender a ver com outro olhar as expressões linguísticas e a descobrir as confusões nas quais nos enredamos. A apresentação do conflito entre as concepções filosóficas tradicionais e o uso efetivo das expressões nos jogos de linguagem só pode ter efeito terapêutico se nos reconhecemos na voz do interlocutor, percebendo que sustentamos uma posição análoga à dele. No texto *Cultura e Valor*, Wittgenstein afirma: "Eu devo apenas ser o espelho, no qual meu leitor vê o próprio pensamento com todas as suas deformidades, para com essa assistência poder ordená-los"[23]. Nesse sentido, pode-se afirmar que "uma das tarefas mais importantes consiste em expressar todos os percursos de pensamento [*Gedankengänge*] falsos de modo tão característico, que o leitor diga 'sim, eu pensei exatamente *assim*'. Desenhar a fisionomia de todo erro"[24].

Sem essa identificação, todo o processo terapêutico perde sua eficácia e as indicações não serão adequadamente entendidas. Na

---

23. WITTGENSTEIN, L., Vermischte Bemerkungen, in: *Werkausgabe*, Frankfurt, Suhrkamp, 1984, v. 8, p. 474. Convergindo com essa intenção, Wittgenstein faz a seguinte observação no prefácio das *Investigações Filosóficas*: "com meu escrito não pretendo poupar aos outros o pensar. Porém, se possível, incitar alguém aos próprios pensamentos".
24. WITTGENSTEIN, L., *The Big Typescript*, Oxford, Basil Blackwell, 2005, p. 303.

verdade, a grande dificuldade do processo de transformação existencial com base nessa terapia linguística deve-se justamente ao fato de o que é apresentado como saída para os problemas filosóficos não ser reconhecido imediatamente como solução pela leitora ou leitor do texto. Se estamos ainda à espera de explicações para fenômenos aparentemente complicados, teses não triviais a respeito de "realidades" extraordinárias, mas o que recebemos são "apenas" descrições de fatos linguísticos, é claro que permaneceremos insatisfeitos. Aliás, a insatisfação intelectual é uma reação frequente entre os filósofos tradicionais nas primeiras leituras das *Investigações Filosóficas*[25]. É certo que este é o principal obstáculo para a superação das doenças do entendimento, a dificuldade de romper com a expectativa de que descrições filosóficas podem possibilitar o acesso ao essencial (Z § 314).

O mais difícil nesse processo não é tanto conquistar um entendimento claro dos argumentos apresentados ou captar a relevância das descrições das práticas, mas realizar concretamente a decisão de alterar a maneira de olhar para o entrelaçamento entre jogos de linguagem e formas de vida. Assim, não se trata apenas de reconhecer-se na figura da voz da tentação, mas de atingir por intermédio desse reconhecimento a compreensão de que também estou submetido ao fascínio de certas expressões linguísticas, fascínio que me induz a buscar uma compreensão mais profunda de algum fenômeno profundo que a palavra aparenta indicar. O reconhecimento da má compreensão está sempre conectado com a escolha existencial radical, qual seja a modificação concreta da perspectiva que assumo diante da própria linguagem. Nesse sentido, "o que há para ser superado não é uma dificuldade do entendimento, mas da vontade"[26]. Não basta a obtenção de um entendimento intelectual, antes de tudo porque não serão apresentadas

---

25. Recordemos do conhecido comentário negativo de Russell, de acordo com o qual, se Wittgenstein está correto, então "a filosofia serve, na melhor das hipóteses, de fraca auxiliar aos lexicógrafos e é, na pior das hipóteses, uma diversão para ociosos à hora do chá". Apud BOUVERESSE, J., Linguagem Ordinária e Filosofia, in: VÁRIOS, *Filosofia da Linguagem*, Coimbra, Almedina, 1973, p. 71-138.
26. WITTGENSTEIN, L., Vermischte Bemerkungen, in: *Werkausgabe*, v. 8, p. 474. Esse aspecto volitivo torna a terapia inevitavelmente um processo que evolve maturação:

novas informações ou doutrinas por intermédio das descrições gramaticais; ao contrário, trata-se de recuperar o vínculo com as relações cotidianas nas quais já estávamos desde sempre inseridos.

A desorientação que a confusão linguística gera é, em última instância, fruto de um esquecimento de si que produz estranhamento. Ao perder contato com o solo áspero da cotidianidade desaprendemos a orientação vital que adquirimos pelo treinamento social, ficamos submetidos a um não saber que não permite a participação nos jogos de linguagem. Por essa razão, "o trabalho do filósofo é compilar recordações para uma determinada finalidade" (*IF*, § 127). A terapia realiza-se por um processo de recordação do que já se sabia, pois a diferença entre a perspectiva da investigação gramatical e a perspectiva cotidiana não é delimitada pela posse ou carência de acesso a um determinado conteúdo, mas uma diferença no modo de olhar para o conteúdo já acessível: a experiência de sentido cotidiana[27]. Wittgenstein esclarece essa diferença comparando o habitante de uma cidade, capaz de circular sem problemas e encontrar os caminhos do seu lugar, e alguém que possui um mapa da cidade e sabe descrever mais claramente as conexões entre as ruas etc. (Z, § 121). A visão panorâmica das práticas linguísticas oferece ao interlocutor confuso a oportunidade de reaprender a viver na medida em que o redireciona para o cotidiano. Para isso é necessário, por intermédio do mapeamento, reaprender a ver as coisas ordinárias evitando a caça de quimeras (*IF* § 94).

Atingimos assim o fechamento do processo terapêutico. A apresentação das práticas de uso linguísticas, atrelada à vontade de dissociar-se do apego com certas expressões linguísticas, gera duas consequências principais. A mosca, quando sai da garrafa por meio da dissolução dos pseudoproblemas, perfaz o movimento de abandono das ilusões e reconhecimento das feridas geradas pela insistência no contrassenso.

"Na filosofia não se pode *cortar* uma doença de pensamento. Ela tem que seguir seu curso natural e a cura *lenta* é a mais importante" (Z, § 382).

27. Cf.: "É essencial para nossas investigações que nós não queremos apreender algo *novo*. Nós queremos compreender algo que está aberto diante dos nossos olhos" (*IF*, § 89).

Saber que o que perdemos não é nada de grandioso, importante, fundamental, mas apenas castelos no ar construídos com materiais linguísticos (*IF*, § 118), torna o aprendizado uma conquista vital. O que dá valor à descoberta da vida cotidiana por intermédio das investigações gramaticais é a percepção do sofrimento e da dor autoinfligidos que sempre acompanham a tentativa de enfrentar os limites da linguagem (*IF*, § 119). No caso das *Investigações Filosóficas*, os limites do sentido não são descritos pela demarcação entre o dizível e o indizível, mas por intermédio da determinação entre o que pertence ou não a um jogo de linguagem, pois as formas de vida delineiam a ambientação que não pode ser desconsiderada pela aplicação ou pelo emprego das expressões linguísticas.

A primeira consequência da cura é o retorno à vida cotidiana, pois "o filósofo é aquele que tem que curar em si mesmo várias doenças do entendimento, antes que ele possa chegar às noções do entendimento comum"[28]. Ao escapar das confusões linguísticas reaprendemos a viver a vida cotidiana, mas com uma alteração evidente. Não retomamos a vida tal como éramos antes das confusões linguísticas, visto que a vida é transformada pela conquista da visão panorâmica das nossas práticas linguísticas. A segunda consequência da cura é justamente a mudança qualitativa do modo de viver que resulta da dissolução das ilusões, uma mudança que se expressa afetivamente. Wittgenstein, como vimos, estabelece uma conexão entre a busca de profundidade filosófica com inquietações existenciais e ressalta que essas inquietações são profundas, pois "elas estão enraizadas em nós tão profundamente quanto as formas de nossa linguagem, e seu significado é tão grande quanto a importância de nossa linguagem" (*IF*, § 111). Essa conexão pode ser estabelecida nas duas direções, já que a inquietação existencial é vista tanto como um resultado quanto como um aspecto da confusão linguística. Ou tentamos resolver problemas existenciais procurando alcançar um acesso à profundidade dos fenômenos, pressupondo que a vida é um enigma intelectual a ser desvendado, ou geramos inquietação

---

28. WITTGENSTEIN, L., Vermischte Bemerkungen, in: *Werkausgabe*, v. 8, p. 512.

existencial pela falsa impressão de que não compreendemos ainda o elemento essencial capaz de dar sentido ao existir. Nos dois casos, é fácil perceber que aquele que está submetido às ilusões gramaticais perdeu sua "paz de espírito". Não é casual, portanto, a observação feita por Wittgenstein de que alcançar a paz nos pensamentos é "a meta ansiada por aquele que filosofa"[29].

A obtenção desse estado de quietude do pensamento pode ser encarada como o cerne da transformação existencial realizada pela investigação gramatical; essa é a "alteração do modo de viver"[30] a ser provocada pela terapia. A filosofia tradicional, pela ausência de resolução dos pseudoproblemas que investiga, implica inevitavelmente uma intranquilidade (Z, § 447) que pode ser eliminada juntamente com a superação das ilusões gramaticais. Em última instância, a transformação implica a recuperação da paz e da tranquilidade vitais por intermédio do término das interrogações equivocadas, de tal modo que podemos afirmar que "a descoberta real é que me torna capaz de interromper o filosofar quando eu quiser. A descoberta que conduz a filosofia à quietude de tal modo que ela não seja mais açoitada por questões que coloquem a *ela* mesma em questão" (*IF*, § 133). O corte da raiz de toda interrogação filosófica concede à existência cotidiana uma consistência especial na qual floresce uma afetividade mais equilibrada.

Em contraposição a essa concepção, Heidegger não encara a filosofia como atividade geradora de tranquilidade existencial; pois, aos seus olhos, todo filosofar é expressão da questionabilidade constitutiva da existência. A radicalidade da filosofia implica que toda interrogação "somente pode ser formulada de tal modo que aquele que interroga, enquanto tal, esteja implicado na questão, isto é, seja problematizado"[31]. Nesse movimento de problematização, o filosofar, ao experimentar todas as relações com base no peso que lhe é devido, procura intencionalmente transmutar a vida fática num problema de pensamento

---

29. WITTGENSTEIN, L., Vermischte Bemerkungen, p. 511.
30. Idem, ibidem, p. 537.
31. Idem, Was ist die Metaphysik?, in: *Wegmarken*, GA 9, p. 103; idem, O que é Metafísica?, in: *Marcas do Caminho*, p. 113.

especialmente quando a inquietude não está encoberta pela decadência. A aparência de clareza sustentada pelo sentido que circula no falatório entrega à existência a segurança característica da familiaridade cotidiana de tal modo que predomina, de início, na cotidianidade a "certeza tranquila de si mesma, o claro e evidente 'estar em casa'" (*SZ*, p. 188). Assim, "a pretensão do impessoal de conduzir e nutrir a 'vida' genuína e plena traz uma tranquilidade ao ser-aí, para quem tudo 'está em boa ordem' e para o qual todas as portas estão abertas. O ser-no-mundo decadente é, em si mesmo, [...] tranquilizante" (*SZ*, p. 177). A tranquilidade é o lado afetivo da facilitação gerada pelo impessoal ao dispensar a existência da responsabilidade de suas escolhas, impedindo o acontecimento da singularização. Em clara oposição a Wittgenstein, Heidegger descreve a vida cotidiana como dominada pelo desvio constitutivo da existência de toda problematização essencial. Em vez de almejar interromper as interrogações fundamentais, a fenomenologia hermenêutica visa desencadeá-las; não procura, portanto, reforçar a orientação inicial da cotidianidade, mas, ao contrário, aproveitar experiências que rompem com a continuidade decadente do dia a dia.

Sob a superfície da familiaridade cotidiana, marcada pela orientação e tranquilidade, a analítica existencial pretende descobrir uma fuga de si mesmo contínua. Haar descreve esse fenômeno de "enigma da cotidianidade", um enigma que "tem a ver [...] com uma primeira destituição que é anterior ao ser-si-mesmo"[32]. Na interpretação ontológica apresentada na analítica existencial, de início e na maior parte das vezes, eu não sou eu mesmo, mas como qualquer outro. Há um nivelamento que torna toda ação uniforme, na medida em que o impessoal já decidiu "sobre o poder-ser fático mais próprio do ser-aí – as atividades, regras, parâmetros, a urgência e a amplitude do ser-no-mundo ocupado e preocupado" (*SZ*, p. 268). É esse enquadramento que sustenta a tranquilidade da familiaridade cotidiana, o fato de que podemos nos mover em trilhos já traçados. A facilitação, o desencargo promovido pelo

---

32. HAAR, M., The enigma of Everydayness, in: *O que nos faz pensar?*, out. 1996, n. 10, v. 2, p. 72.

impessoal consiste num direcionamento prévio das possibilidades que retira de cada existência singular a responsabilidade pelo ter que ser mais próprio. Esse decaimento não possui somente implicações existenciais, mas também relativas à capacidade de interrogação, já que a queda na tradição retira do ser-aí "a direção de si mesmo, o perguntar e escolher" (*SZ*, p. 21).

Essa leitura da cotidianidade revela como a analítica existencial diferencia-se da perspectiva de sentido da atitude natural. É evidente que a avaliação da cotidianidade como espaço da perda de si já pressupõe uma alteração de visada, pois só quem modificou seu olhar por meio dos procedimentos fenomenológicos é capaz de reconhecer no cotidiano o encobrimento do poder-ser mais próprio. Ao delimitar a cotidianidade como o espaço da mediania, a analítica existencial descreve o impessoal como o lugar "onde o próprio e a propriedade possível do ser-aí mantém-se escondida"[33].

A analítica existencial não apenas descobre o poder-ser encoberto pelo impessoal, mas descreve uma possível transformação existencial enquanto justamente na libertação do poder-ser próprio da existência singular. Dessa maneira, o discurso filosófico elaborado pela analítica da existência tem

> a tarefa de tornar o ser-aí próprio, que é a cada vez, acessível em seu caráter ontológico no ser-aí mesmo, de comunicá-lo, de acompanhar o autoestranhamento [*selbstentfremdung*] com o qual o ser-aí está afetado. Na hermenêutica, configura-se para o ser-aí uma possibilidade de se tornar e ser *compreensivo* para si mesmo[34].

Essa possibilidade é atingida pela confrontação com a tendência de queda e fuga. A interpretação fenomenológica realiza uma negação, um "contramovimento"[35] que contribui para que a existência supere seu adormecimento cotidiano. Concretizando-se como um modo de

---

33. HEIDEGGER, M., *Ontologie (Hermeneutik der Faktizität)*, GA 63, p. 85.
34. Idem, ibidem, p. 15.
35. Idem, *Phänomenologische Interpretationen zu Aristoteles*, GA 61, p. 132; idem, *Interpretações fenomenológicas sobre Aristóteles – Introdução à pesquisa fenomenológica*, p. 148.

existir, a fenomenologia hermenêutica pode ser então, fixada como "o ser-desperto do ser-aí para si mesmo"[36].

Para Heidegger, a familiaridade cotidiana, marcada pela segurança e tranquilidade, é apenas um encobrimento decadente da estranheza inquietante da existência singular lançada no mundo. Nenhuma tese expressa mais claramente em que medida a perspectiva da fenomenologia se contrapõe à perspectiva de sentido do cotidiano do que essa afirmação de que o "não sentir-se em casa" é o mais originário. Como somos de início e na maior parte das vezes impróprios, a possibilidade do existir próprio é uma conquista que parte de uma queda inicial, pois, "como o ser-aí está *perdido* no impessoal, deve primeiro *encontrar-se*" (*SZ*, p. 268).

A analítica existencial desenvolve duas estratégias metodológicas diante do adormecimento tranquilizador da cotidianidade. De um lado, busca um aproveitamento dos fenômenos existenciais que possuem radicalidade de abertura enquanto desvelamento da própria existência; de outro lado, tenta aplicar procedimentos específicos na formulação, transmissão e discussão de conceitos fenomenológicos como medida de precaução diante de sua possível deturpação pela perspectiva do cotidiano.

No que diz respeito à primeira estratégia, a analítica existencial, aproveitando o caráter hermenêutico do próprio existir e evitando o artificialismo de construções sem respaldo no solo fenomenal, procura descrever experiências realizadas pela existência que a colocam, de modo mais intenso, diante de si mesma. A disposição afetiva da angústia e o acontecimento da voz da consciência testemunham a possibilidade da transformação por meio da qual a existência recupera a responsabilidade pela escolha de si mesma. Libertando-se da interpretação pública do impessoal, que é dissolvida na experiência da insignificância realizada na angústia e assumindo a própria finitude pela dívida que a voz da consciência lhe dá a compreender, a existência decidida pode projetar-se com base no seu poder-ser mais próprio, ou seja, a luz

---

36. Idem, *Ontologie (Hermeneutik der Faktizität)*, GA 63, p. 15.

da única possibilidade capaz de sustentar a singularização, a possibilidade de não-ser-mais-aí. Esse movimento de apropriação pode variar no modo de desdobramento, é certo; todavia, a forma que recebe destaque na analítica existencial é a apropriação de si enquanto libertação filosófica[37]. Em outras palavras, só filosofa apropriadamente quem se libertou da interpretação pública do impessoal que sustenta a familiaridade tranquila do cotidiano para iniciar o movimento problematizador da interrogação investigativa.

É por isso que a angústia assume, na arquitetura de *Ser e Tempo*, uma função metodológica não somente porque dá acesso à totalidade das estruturas da existência, mas porque se revela como pré-condição da atividade filosófica. A necessidade dessa experiência afetiva como preparação necessária, ainda que não suficiente para o pensar filosófico, pode ser afirmada, de acordo com Heidegger, porque "[...] a possibilidade, de pensar algo como o nada apenas enquanto ideia, está cofundado nesta determinação da disposição da angústia. Apenas quando eu compreendo o nada ou angústia, tenho a possibilidade de compreender o ser"[38]. Em vez de anular a angústia, a filosofia tem que contribuir, na medida de suas possibilidades discursivas, para liberação desta disposição latente em todo existente[39]. Assim, a angústia é determinada como parte integrante da atividade filosófica.

---

37. Nas notas contidas no seu exemplar particular de *Ser e Tempo*, Heidegger escreveu na margem do trecho do § 54 que descreve a saída do domínio do impessoal por meio do ato de escolher a escolha: "acontecimento do ser – Filosofia, Liberdade". Cf. *SZ*, p. 444. Heidegger considera a apropriação de si mesmo como um pressuposto não apenas da filosofia, mas também do trabalho científico em geral. Comentando a correlação entre ciência e existência própria sem analisá-la em detalhe, afirma que o ato de objetificação "se funda existenciariamente na decisão do ser-aí por meio da qual este se projeta em direção ao poder-ser na 'verdade'. Esse projeto é possível, porque o estar-na-verdade é uma determinação existencial do ser-aí. A origem da ciência com base na existência própria não pode ser investigada aqui mais a fundo". Cf. *SZ*, § 69, p. 363.
38. HEIDEGGER, M., *Kant und das Problem der Metaphysik*, GA 3, p. 204.
39. No debate de Davos, Heidegger questiona Cassirer explicitamente, indagando se a tarefa da filosofia consiste em lançar a existência na angústia ou em dissolvê-la. Cassirer posiciona-se em convergência com Wittgenstein, afirmando que o filosofar implica uma libertação da experiência da angústia enquanto disposição afetiva. Heidegger apresenta sua posição numa crítica ao projeto de investigação das formas simbólicas elaborado por

Além de descrever fenômenos existenciais e destacar seu conteúdo fenomenal por meio da interpretação ontológico-existencial, a fenomenologia hermenêutica desenvolveu uma segunda estratégia, para se contrapor a tendência à fuga de si, que consiste em delimitar quais condições são necessárias para que essa interpretação seja entendida sem deturpação. Podemos considerar a reflexão metodológica acerca do caráter indicativo do uso fenomenológico da linguagem como uma meditação sobre a possibilidade de comunicação filosófica genuína, ou seja, não submetida ao desenraizamento do falatório. No cotidiano uma comunicação desse tipo estaria vetada não apenas porque o falatório separa o discurso do seu tema, mas também porque a existência tem a tendência de "compreender o próprio ser com base *naquele* ente com o qual de modo essencial de início e constantemente se relaciona, a saber com base no 'mundo'" (*SZ*, p. 15)[40].

Com base na compreensão mediana que atravessa o cotidiano a existência tende a tomar a exposição conceitual dos existenciais como atribuições de propriedades a entidades intramundanas. Para que aconteça uma comunicação fenomenológica, é necessário neutralizar essa tendência de interpretação, mantendo aberta a relação com o que está sendo indicado pelo discurso. Desse modo,

> a indicação formal é uma defesa, um asseguramento prévio, de tal modo que *o caráter de execução* ainda permaneça livre. A necessidade desta medida de precaução resulta da tendência de decaimento

---

Cassirer, afirmando que "a filosofia, partindo do aspecto preguiçoso de um homem, que apenas utiliza as obras do espírito, tem a tarefa de, de certo modo, lançar novamente o homem na dureza do seu destino". Cf. *Kant und das Problem der Metaphysik*, GA 3. p. 204. Desde o início de sua reflexão, Wittgenstein afirma que a inquietação existencial não é um pressuposto necessário ao filosofar, mas apenas um sinal de que a vida está fora dos seus eixos e, provavelmente, enredada na linguagem. Já nos diários escritos durante a Primeira Guerra em preparação para o *Tractatus* ele fez a seguinte anotação (30.7.16): "Sempre novamente eu retorno para o fato de que simplesmente a vida feliz é boa e a infeliz má; [...] parece que a vida feliz se justifica por si mesma, que *é* a única vida correta". Cf. Tagebücher 1914-1916, in: *Werkausgabe*, v. 1, p. 173.

40. O conceito de "mundo" é tomado na sua acepção cósmica enquanto totalidade do ente. A ontologia antiga da *physis* é apontada por Heidegger como exemplificação dessa orientação decadente pelo ente subsistente. Cf. *SZ*, § 9, p. 44.

da experiência fática de vida, que ameaça continuamente de resvalar no que é de acordo com objetos e desde onde nós temos que destacar os fenômenos – todavia num sentido negativo, quase como uma advertência![41].

Além de não compreender a si mesma enquanto existe no modo da decadência do cotidiano, a vida fática não compreende também as interpretações ontológico-existenciais da fenomenologia hermenêutica. Pode-se perceber que o discurso fenomenológico pressupõe, de maneira análoga à terapia realizada por meio das descrições gramaticais, uma alteração de perspectiva como condição de acesso ao que está sendo descrito.

A estratégia metodológica proposta para favorecer essa mudança é o entendimento dos conceitos fenomenológicos como indicações formais. O aspecto formal implica a presença de um momento de indeterminação justificado pelo fato de os conceitos fenomenológicos, de início, permanecerem vazios. De fato, esses conceitos não visam transmitir um conteúdo genérico registrável no dito das palavras e que pudesse circular de modo indiferente no falatório cotidiano enquanto significação estabelecida. A indicação formal, em vez de entregar uma informação pronta, apresenta uma tarefa a ser realizada por quem está na posição de recepção do discurso fenomenológico. A execução dessa tarefa ocorre por meio de dois movimentos conjugados. De um lado, a transformação existencial de si mesmo e, de outro, a confrontação com os fenômenos indicados no discurso pelos conceitos fenomenológicos. Na junção entre a indicação da transformação de si e a formalidade enquanto abertura para o fenômeno, realiza-se a possível eclosão do filosofar, na medida em que a indicação formal apresenta uma determinação de caráter conceitual que orienta o olhar na direção dos fenômenos a serem descritos e interpretados de acordo com os pressupostos da situação hermenêutica que o envolve.

---

41. HEIDEGGER, M., *Phänomenologie des religiösen Lebens*, GA 61, Frankfurt, Vittorio Klostermann, 1995, § 12, p. 64.

Com relação ao aspecto da modificação existencial, pode-se afirmar que os conceitos fenomenológicos são indicadores porque "só deixam interpelar discursivamente esta requisição de transformação, mas nunca podem eles mesmos provocar o acontecimento da transformação [...]"[42]. A indicação formal produz as condições para a conquista do olhar fenomenológico e para o preenchimento das intuições no solo fenomenal. Se a compreensão do que é dito num discurso fenomenológico pressupõe uma transformação existencial do interlocutor num movimento de apropriação de si mesmo, a abrangência da intervenção discursiva não se encerra nesse aspecto. A fenomenologia hermenêutica não visa unicamente promover a experiência do advir a si na concretude da singularidade e a existência transparente para si mesma na facticidade. Diferentemente de Wittgenstein, Heidegger não pretende eliminar por meio da transformação a interrogação filosófica, mas desencadeá-la. A transformação existencial adquire pertinência filosófica justamente porque o discurso fenomenológico é simultaneamente um encaminhamento da compreensão para a confrontação direta com os fenômenos expostos, ou seja, um favorecer o exercício do olhar filosófico. O que se pretende é que o despertar da existência para o fato de que é e tem-de-ser seja simultaneamente um despertar do pensamento para o problema fundamental da filosofia. A respeito da compatibilidade entre singularidade e universalidade, observa Heidegger no início de *Ser e Tempo*:

> a pergunta pelo sentido do ser é a mais universal e a mais vazia; nela está contida ao mesmo tempo a possibilidade da mais aguda singularização em cada ser-aí. A conquista do conceito fundamental de "ser" e a prefiguração da conceituação ontológica, por ele exigida, e suas modalidades necessárias precisam de um fio condutor concreto. A universalidade do conceito de ser não contradiz a "especialidade" da investigação, quer dizer, que avancemos em direção a esse conceito pelo caminho de uma interpretação [*Interpretation*] específica

---

42. HEIDEGGER, M., *Die Grundbegriffe der Metaphysik: Welt, Endlichkeit, Einsamkeit*, GA 29/30, § 70, p. 429; idem, *Os conceitos fundamentais da Metafísica: Mundo – Finitude – Solidão*, p. 339.

de um ente determinado, o ser-aí, que é onde se há de encontrar o horizonte de compreensão e possível interpretação [*Auslegung*] do ser (*SZ*, p. 39).

Ao apropriar-se a si mesmo na mais radical singularização, o ser-aí se apropria também do conceito mais universal pela determinação do tempo como horizonte transcendental da compreensão de ser. Com base no exposto, pode-se perceber que a analítica existencial e as investigações gramaticais apresentam descrições divergentes da cotidianidade. Para Heidegger, a tensão entre cotidianidade e a atividade do filosofar está correlacionada com as possibilidades fundamentais de impropriedade e propriedade. A diferença exige um contramovimento de oposição à cotidianidade decadente pela decisão de assumir a responsabilidade pelo próprio existir sob a forma do exercício explícito da interpretação ontológica dos fenômenos. A cotidianidade significa mera continuidade do sentido transmitido e sustentado pelo falatório desenraizado em contraposição ao filosofar, que problematiza a própria tradição histórica e se reapropria das suas relações ontológicas fundamentais. Para Wittgenstein, a tensão entre cotidianidade e a atividade do filosofar enquanto investigação gramatical é a expressão de um movimento de aprendizado e desaprendizado que se desdobra em três tempos. De início nos situamos na vida cotidiana realizando atividades de acordo com os hábitos e costumes de nossa complexa forma de viver. Essa familiaridade inicial é abandonada por meio das confusões linguísticas que geram desorientação, inadaptação, incapacidade de participar das práticas sociais em virtude da caça de quimeras e ilusões gramaticais. O fechamento do movimento, que expressa o cerne da terapia, consiste em reconduzir o entendimento às práticas, realizando um retorno modificado ao cotidiano pela dissolução dos problemas filosóficos. No primeiro caso, a cotidianidade é destituída de relevância por causa de sua incapacidade de tocar o essencial; no segundo, ela é reafirmada em sua desconfiança diante das pretensões de profundidade.

O critério para decidir se a vida cotidiana é o domínio da ambiguidade, da não verdade, da perdição de si mesmo no sentido anônimo do impessoal ou um simples espaço de atividades rotineiras capaz de acomodar, pela sua familiaridade, diferentes formas de vida é a referência ou não à experiência ontológica. As investigações gramaticais permanecem no horizonte da vida cotidiana, antes de tudo, pela pressuposição de que não há nenhum enigma (*TLP* 6.5) por detrás, de lado ou mesmo no interior da simplicidade do dia a dia. Não há nem mesmo "nada de velado [*verborgen*] que possa nos interessar" (*IF*, § 126). O filósofo que desenvolve a investigação gramatical não é um revelador de essências nem um desbravador de caminhos não trilhados a quem permanece na superfície da vida corriqueira. Em contraposição, a fenomenologia hermenêutica pretende justamente encontrar o extraordinário que está contido no interior mesmo do ordinário, em trazer à luz por meio do *logos*

> aquilo que de início e na maior parte das vezes justamente *não* se mostra, o que se mantém *velado* [*verborgen*] no que se mostra de início e na maior parte das vezes, porém ao mesmo tempo é algo que pertence essencialmente ao que se mostra de início e na maior parte, a ponto de constituir seu sentido e fundamento (*SZ*, p. 35).

Em outras palavras, pretende exibir conceitualmente o tempo como horizonte transcendental desse enigma que é a compreensão de ser (*SZ*, p. 29-30).

Apesar dessa diferença mencionada, as considerações feitas permitem perceber uma convergência na intuição de que o filosofar não apenas é expressão da existência, mas também e antes de tudo relevante existencialmente em virtude da sua capacidade de alterar qualitativamente o próprio existir concreto. Todo discurso filosófico genuíno inclui como uma de suas tarefas centrais a promoção de um despertar da existência para si mesma. A marca mais evidente da atitude filosófica é a presença de uma atenção contínua voltada para o existir e suas relações fundamentais.

Ao mesmo tempo, tornou-se evidente que a meta do discurso filosófico não está restrita à apresentação de um apelo para a transformação radical da existência modificando o exercício do viver cotidiano, visto que envolve uma posição acerca dos problemas filosóficos, seja para tentar respondê-los por meio da conceituação fenomenológica do *a priori* ontológico, seja para dissolvê-los pela descrição das práticas linguísticas factuais. Isso indica que a análise das práticas linguísticas inseridas nas formas de vida e das estruturas de interação do mundo circundante da ocupação é realizada por meio de um discurso que levanta a pretensão de dar conta dos problemas filosóficos, seja encontrando os "fundamentos linguísticos" das ilusões gramaticais, seja tentando encontrar na transcendência horizontal do tempo originário o solo para a questão do ser. Não há dúvida de que essa orientação descritiva da filosofia configura uma perspectiva de interpretação da vida cotidiana que precisa justificar a si mesma.

III.3. A perspectiva filosófica de interpretação

"A *essência* está expressa na gramática" (*IF*, § 371).

"O caminho próprio é que se retroceda para trás das categorias e formas gramaticais e se tente determinar o sentido com base nos fenômenos mesmos."[43]

Porque se desdobra discursivamente a filosofia não é idêntica à dinâmica da vida cotidiana, mas um modo de existir específico no qual a vida busca apropriar-se de si mesma por meio de uma interpretação articulada linguisticamente. Faz parte intrínseca da realização do pensamento filosófico, portanto, a preocupação em fornecer uma perspectiva de leitura diferenciada da vida que já vivemos. É evidente que essa pretensão de apropriação discursiva da vida pressupõe um esclarecimento da natureza desse discurso explicitador. Assim, as investigações gramaticais e existencial-ontológicas, desenvolvendo uma tematização das conexões entre vida cotidiana, linguagem e pensamento, não podem escamotear uma reflexão sobre o uso da linguagem que realizam. Numa caracterização prévia meramente negativa pode-se dizer que esse discurso tematizador, não sendo idêntico às conversações feitas no

---

43. HEIDEGGER, M., *Prolegomena zur Geschichte des Zeitbegriffs*, GA 20, § 26, p. 344.

interior da vida cotidiana, também não é de caráter teórico-científico ou metafísico. Trata-se de um discurso que possui caráter filosófico estabelecendo a conexão decisiva entre os problemas filosóficos e a tematização descritiva da vida cotidiana.

Para Wittgenstein, "descrição" é uma noção que tem que ser concebida com base nas semelhanças de família, porque são diversos os jogos de linguagem que denominamos "descrição" (*IF*, § 24). A ausência de uma definição geral da descrição não impossibilita que essa noção seja utilizada para qualificar as investigações gramaticais enquanto prática discursiva. O espaço de atuação da filosofia em sua nova acepção enquanto investigação gramatical principalmente é demarcado por meio do contraste com o discurso teórico-científico. Esse é o sentido fundamental da afirmação de que "toda *explicação* deve sair fora e no seu lugar entrar apenas descrição" (*IF*, § 109). O procedimento explicativo das teorias científicas consiste na apresentação de hipóteses a respeito das causas dos fenômenos naturais. Em vez disso, a filosofia terapêutica esboça descrições possíveis de jogos de linguagem (*IF*, § 486), ou seja, expõe modos de entrelaçamento entre uso de sinais e atividades pertencentes a uma forma de vida particular. Enquanto as teorias científicas lidam com a empiria, a filosofia apresenta considerações [*Betrachtungen*] sobre o "uso factual da linguagem" (*IF*, § 124), ou seja, realiza uma análise de conceitos. As observações [*Bermerkungen*] podem ser denominadas filosóficas à medida que são inseridas no contexto de um método que pretende produzir a dissolução de problemas filosóficos, por meio da apresentação de certos fatos linguísticos reordenados de modo a permitir ao entendimento apreender [*merken*] diferenças até então despercebidas e libertar-se do feitiço da linguagem.

Para Heidegger, o trabalho discursivo operado pelo *logos* fenomenológico, por causa da sua relação constitutiva com um solo fenomenal de dados, também possui caráter descritivo. Toda investigação fenomenológica necessita resguardar sua concretude conquistando uma base para a exibição conceitual das coisas em si mesmas. Neste sentido, o ato de descrição é caracterizado como "*um articular que destaca o que é intuído em si mesmo*. Articulação que destaca é *análise*, quer dizer, *a descrição é analítica*"⁴⁴. De acordo com essas indicações metódicas, apreendemos que a interpretação ontológica opera uma "autoapreensão direta do temático"⁴⁵. Será necessário que ocorram variações no sentido da descrição que correspondam às diferenças de conteúdo daquilo que é descrito a cada investigação; do contrário, diferenças seriam apagadas gerando um nivelamento uniformizador antifenomenológico. Em última instância, o modo de acesso, o trabalho de descrição, a formulação de conceitos e a especificidade do campo temático em pauta precisam se corresponder harmonicamente.

No caso específico da analítica existencial é de fundamental importância, por exemplo, afastar a abordagem teórico-científica, pois ela contradiz o caráter hermenêutico da própria existência. Nenhuma análise fenomenológica do sentido ontológico do "eu sou" pode ignorar o fato de que não encontro acesso à minha existência enquanto um estado de coisas contraposto à investigação. Antes e mesmo independentemente do trabalho de interpretação filosófico, posso experimentar na autocompreensão que o meu ser-aí apresenta o caráter de ser sempre meu, ou seja, é um acontecimento significativo que me concerne diretamente, isto é, sou sempre eu quem sou aí nesta ocasionalidade. Em contraposição a esse pertencimento a si, toda consideração teórica objetificante estabelece, como condição de sua instalação, uma distância que separa o observador e o observado no interior da relação cognitiva objetivante. Para Heidegger, esse procedimento desfigura inevitavelmente a significatividade própria dos fenômenos da vida cotidiana, e diz:

> [por isso] eu não os posso explicar de tal modo que destrua seu caráter essencial, suspenda-os em seu sentido e esboce uma teoria. Explicação por meio de fragmentação, quer dizer aqui destruição: se quer explicar algo que já não se tem enquanto tal, algo que não se é capaz e nem se quer reconhecer como tal em sua validez. [...] Tente eu explicar teoricamente o mundo circundante, ele entra em colapso⁴⁶.

---

44. HEIDEGGER, M., *Prolegomena zur Geschichte des Zeitbegriffs*, GA 20, § 8, p. 107.
45. Idem, ibidem, p. 107.
46. HEIDEGGER, M., *Zur Bestimmung der Philosophie*, GA 56/57, § 17, p. 86.

A rejeição conjunta de Heidegger e Wittgenstein da classificação do discurso descritivo como um tipo de teoria científica acerca da vida cotidiana é de início negativo. Para obtermos uma caracterização mais positiva do discurso filosófico, elaborado pelas investigações gramaticais e existencial-ontológicas, é necessário partir da transformação existencial que possibilita a conquista da perspectiva própria de interpretação. A dimensão filosófica dessa transformação, ocasionada ou favorecida pelo discurso, implica não apenas uma alteração da qualidade do existir, mas também envolve a obtenção de uma nova ótica, definida como um exercício do olhar fenomenológico ou como aquisição de uma visão panorâmica. É esse visar específico que concede um caráter filosófico à descrição do cotidiano.

É de se supor que a descrição da vida cotidiana assume, para a construção dessa visão filosófica que a sustenta, um conjunto de pressupostos. A analítica existencial reconhece sem maiores dificuldades, com base na estrutura prévia da compreensão do círculo hermenêutico, a atuação de pressupostos guiando o olhar fenomenológico. Toda compreensão parte de antecipações de sentido para entender seu *interpretandum*, sendo continuamente forçada a revisar essas antecipações por causa da confrontação com a totalidade do fenômeno que pretende entender. Esse movimento que vai das antecipações de sentido para a "coisa mesma" e vice-versa é descrito pela tradição hermenêutica como circularidade hermenêutica. Não há interpretação sem pressupostos, assim como não há pressupostos definitivos no movimento circular da compreensão. Reconhecendo esse fato, Heidegger observa em *Ser e Tempo* que a filosofia "nunca haverá de querer negar seus 'pressupostos', mas também não irá simplesmente admiti-los. Ela apreende os pressupostos e os submete, junto com aquilo de que são pressupostos, a um desdobramento mais penetrante" (*SZ*, p. 310).

É digno de nota que Wittgenstein não elabore *explicitamente* os pressupostos da investigação gramatical, apesar da constante ênfase no fato de que toda experiência é mediada pela gramática dos jogos de linguagem. Assumir que há em toda experiência uma configuração de sentido por meio da gramática das expressões implica entender a vida cotidiana também como um espaço hermenêutico, o que não está tão distante assim da circularidade da compreensão⁴⁷. Apesar disso, o fenômeno interpretação, entendido aqui como exercício explícito da compreensão, não recebe nas *Investigações Filosóficas* um tratamento desenvolvido, seja no que diz respeito a possíveis interpretações efetuadas pelos participantes dos jogos de linguagem com base em diferenças sociais e individuais, seja com relação ao possível caráter hermenêutico da própria descrição gramatical. Na terminologia de *Ser e Tempo*, poderíamos afirmar que nas *Investigações Filosóficas* a interpretação sedimentada historicamente e, portanto, já compartilhada pelos integrantes de uma forma de vida é enfocada em detrimento da atividade de interpretação explícita. Não me parece adequado inferir desse fato que não há uma dimensão hermenêutica na realização das investigações gramaticais, pois é necessário reconhecer que a descrição da cotidianidade implica um modo de visualização das formas de vida com base nos propósitos que guiam a investigação.

De início, a presença da interpretação não é reconhecida, nas *Investigações Filosóficas*, como pertinente ou relevante para as práticas cotidianas. Se a determinação do sentido acontece pela gramática que regulamenta a prática cotidiana dos jogos de linguagem, permeando hábitos, costumes e instituições transmitidos pelo treinamento social, então as "interpretações sozinhas não determinam o significado" (*IF*, § 198). Nessa observação, é rejeitada a pertinência da interpretação enquanto processo psicológico-mental de decifração capaz de guiar o

---

47. É, aliás, no contexto de um diálogo sobre o círculo hermenêutico que encontramos a segunda referência a Wittgenstein feita por Heidegger. Discutindo a falsa questão que consistiria em ter que decidir se devemos entrar ou sair da circularidade da compreensão, comenta Heidegger: "Wittgenstein afirma sobre isto o seguinte. A dificuldade, na qual o pensamento está, é semelhante a um homem num quarto, do qual ele quer sair. Primeiro ele tenta pela janela, mas ela é muito alta para ele. Depois ele tenta pela lareira, mas ela é muito estreita para ele. Se ele quisesse virar, então veria que a porta sempre esteve aberta. – No que diz respeito ao círculo hermenêutico, nós nos movemos continuamente nele e estamos envolvidos nele". HEIDEGGER, M., FINK, E., *Heraklit, GA 15*, Frankfurt, Vittorio Klostermann, 1996, p. 33. Heidegger está provavelmente citando de memória a observação das *Investigações Filosóficas*, na qual Wittgenstein também procura afastar a concepção de que a articulação de sentido precise envolver seu aprisionamento. Cf. *IF*, § 99.

comportamento na aplicação das regras. O caráter público, compartilhado, histórico e social do sentido torna um ato de interpretação dessa natureza dispensável no interior da vida cotidiana, uma vez que nesse contexto o sentido já está articulado. É questionável, entretanto, se essa é a única forma de interpretação. Talvez seja possível encontrar um exercício de interpretação nos aspectos de inovação do vocabulário, na introdução de novos jogos de linguagem, na criatividade literária etc. Sem dúvida, Wittgenstein não nega a existência de tais eventos, mas ainda assim não os incorpora nas considerações da linguagem.

É importante avaliar um pensador com base nas tarefas que se propôs a enfrentar e não perder de vista a finalidade que sustenta toda a sua atividade filosófica. Pode-se cogitar, portanto, que essa restrição seja resultado do propósito principal de dissolução das confusões linguísticas (*IF*, § 109) que opera como critério para análise. Mas o que dizer com relação às investigações gramaticais? Está claro que a ênfase nas práticas linguísticas factuais visa, este é o seu propósito central, unicamente à dissolução de ilusões gramaticais, e não à elaboração de teorias científicas. Trata-se de descrever o uso de sinais sem tentar explicá-los (*IF*, § 496). Mas será que a descrição não implica um modo específico de leitura das práticas linguísticas? Será que a investigação gramatical, ainda que abdique do caráter explicativo próprio da ciência, não possui a capacidade de tornar visível certos aspectos da vida com base em inflexões e reordenamentos, ficções, procedimentos de comparação e analogia, intervenções discursivas que não são transparentes ao próprio existir enredado em confusões linguísticas? Será que esses recursos metódicos não podem ser vistos como a proposta de uma chave hermenêutica para a vida cotidiana? Penso que a resposta tem que ser positiva.

De fato, Wittgenstein oferece indicações suficientes para constatarmos nas *Investigações Filosóficas* a presença de uma ótica de leitura na descrição da vida cotidiana. Essa perspectiva é proposta, de modo independente, pela própria investigação gramatical, diferenciando-se tanto do sentido cotidiano como de outros tipos de discurso. A tarefa primordial da descrição das práticas linguísticas consiste em obter clareza sobre as aplicações das expressões linguísticas e suas regras, pois uma das fontes principais da nossa incompreensão é que não abarcamos com a vista [*übersehen*] o uso de nossas palavras. – Falta à nossa gramática uma visão panorâmica [*Übersichtlichkeit*]. A apresentação panorâmica [*Übersichtliche Darstellung*] permite a compreensão, que consiste exatamente em ver "conexões". Daí a importância de se encontrar e inventar conectivos intermediários (*IF*, § 122).

Essas considerações tornam evidente que a descrição implica a configuração de um modo específico de ver as práticas linguísticas, uma visão cuja característica mais importante é seu caráter global ou abrangente. Trata-se de uma *Übersicht*, ou seja, de um ato de visão [*Sehen*] realizado desde um lugar que permite um ponto de vista superior [*Über*] que observa o todo[48].

É evidente que o panorama da visão abarcadora não é conquistado por meio de uma posição privilegiada, ou seja, por ser inacessível ao participante dos jogos de linguagem ou mesmo pela posse de conhecimentos que este ignora. Ao contrário, a posição da visão marcada pela abrangência abarcadora é alcançada por uma intervenção discursiva sobre o que já nos é familiar no cotidiano, estando aberta por princípio a todos, ainda que não de modo imediato. A pressuposição do sucesso terapêutico implica justamente a capacidade de reconhecimento do que está sendo descrito como algo acessível na própria experiência cotidiana. A visão panorâmica é formada pela disposição clara, mas alternativa, de um conjunto de práticas que executamos, mas que não são transparentes a nós mesmos por causa de sua obviedade ou complexidade. Por vezes, Wittgenstein caracteriza a atividade filosófica de

---

48. O verbo alemão *übersehen* é formado pelo verbo *sehen* e o prefixo *über* que designa espacialmente um estar "acima de". O verbo indica, portanto, um tipo de visão diferenciado que observa desde uma localização que permite configurar um horizonte com dimensões mais amplas. Esse posicionamento, que permite uma captação mais abrangente do que está sendo visualizado, pode implicar uma perda dos detalhes, daí a acepção negativa que o verbo tem no alemão significando "negligenciar", "não notar". Essa posição, entretanto, capaz de descortinar um horizonte mais amplo, também pode produzir uma visão mais clara do que é visualizado justamente pela amplitude da visada. É claramente nesta última acepção que Wittgenstein utiliza o verbo *übersehen* como a formação de uma visão abrangente no sentido de "abarcar com a vista", daí a justificação da tradução do termo "*Übersicht*" por "visão panorâmica".

clarificação realizada pelas investigações gramaticais como uma alteração de perspectiva de abordagem das práticas semelhante ao mapeamento de uma região.

Três são, portanto, as indicações de que a divisa-guia das investigações – "não pense, veja (*IF*, § 66) – não sugere um olhar desprovido de pressupostos. Antes de tudo é necessário reconhecer, em primeiro lugar, que se trata de uma visão "interessada", porque é realizada com base no propósito de dissolver os pseudoproblemas filosóficos (*IF*, §109); em segundo lugar, essa visão abrangente expressa um horizonte alcançado por meio do posicionamento escolhido; e, por último, trata-se de uma visão que propõe um modo de lidar com o que vê, ordenando o que é visualizado à semelhança da produção de mapas.

Entre essas indicações que evidenciam a presença de uma perspectiva de intepretação do cotidiano nas investigações gramaticais, quero destacar o fato de que a clareza obtida pela descrição é resultado de um ordenamento, uma reorganização das práticas linguísticas com as quais já estamos familiarizados. Evidentemente a ordem proposta pela investigação não pretende nos dar um acesso à verdadeira ordem subjacente, não pretende desvendar a estrutura efetiva da linguagem em si mesma, mas apenas introduzir um ordenamento possível nas práticas linguísticas. Existem, entretanto, como ressalta o próprio Wittgenstein, diferentes possibilidades de ordenamento dos jogos de linguagem; diversas como são as possíveis ordens de classificação de uma caixa de ferramentas. Essa flexibilidade revela de outro ângulo a presença da atividade hermenêutica de interpretação nas investigações gramaticais, visto que a seleção e o emprego de um ordenamento específico revela um direcionamento interpretativo da descrição. Toda organização de elementos é relativa a um propósito específico, pois "a maneira pela qual reunimos as palavras de acordo com os tipos vai depender da finalidade da repartição – e da nossa inclinação" (*IF*, § 17). Nesse sentido, a ordem proposta para a visualização abrangente das práticas de uso da linguagem é "uma ordem dentre as muitas possíveis; não *a* ordem" (*IF*, § 132).

A dimensão interpretativa das descrições das práticas de uso linguístico, anunciada pelos pressupostos e decisões anteriormente expostos, é indicada especial pela noção de "forma de apresentação". Como afirma Wittgenstein, "o conceito de apresentação panorâmica é para nós de importância fundamental. Designa nossa forma de apresentação, o modo como vemos as coisas. (É isto uma visão de mundo?)" (*IF*, § 122). Essa pergunta final, que Wittgenstein deixa sem resposta neste contexto, mas que aparece como afirmação em outro[49], não pretende indicar a identidade entre filosofia e visão de mundo, muito menos propor como tarefa da filosofia a formulação de visões de mundo, mas somente ressaltar a sua presença e influência como pressuposto das observações e descrições realizadas pelas investigações filosóficas.

Nesse sentido, a filosofia entendida enquanto investigação gramatical pode inclusive entrar em conflito com práticas, hábitos e costumes de uma determinada sociedade particular não tanto por possuir uma verdade alternativa, mas somente porque configura uma maneira de lidar com as formas de vida sócio-históricas que é distinta da predominante em certos contextos. Não é pelo fato de que essa diferença de perspectivas não esteja acompanhada com o encaminhamento de projetos de reforma político-social ou linguística, que se há de negar a existência de uma tensão entre posturas distintas. Se a terapia obtém resultado é justamente porque desenvolve uma forma de apresentação alternativa dos jogos de linguagem efetivos; uma forma que pode não estar em linha de continuidade com o sentido predominante na cultura.

De fato, são várias as indicações de que Wittgenstein estava em desacordo com os desdobramentos do processo de modernização, ou seja, que estava em conflito com sua contemporaneidade, época que denominou no prefácio das *Investigações Filosóficas* como "tempo obscuro", insinuando o caráter extemporâneo de seu pensamento. Esse desacordo não pode ser encarado como mera expressão pessoal de descontentamento, pois reflete o conflito entre ótica introduzida pela prática

---

49. Cf. WITTGENSTEIN, L., Bemerkungen über Frazers Golden Bough, in: *Vortrag über Ethik und andere kleine Schriften*, Frankfurt, Suhrkamp, 1999, p. 37: "O conceito de visão panorâmica é para nós de importância fundamental. Designa nossa forma de apresentação, o modo como vemos as coisas. (Um tipo de 'visão de mundo', como aparentemente é típico do nosso tempo. Spengler)".

discursiva da descrição gramatical e as características do mundo contemporâneo. A afirmação mais clara dessa tensão talvez possa ser encontrada no prefácio das *Observações Filosóficas*, no qual Wittgenstein afirma que o espírito desse texto

> é diferente daquele que informa a vasta corrente da civilização europeia e americana de que todos somos parte. *Aquele* espírito tem expressão num movimento para adiante, em construir estruturas sempre mais amplas e mais complicadas; o outro consiste em lutar por clareza e perspicácia em toda e qualquer estrutura. O primeiro tenta entender o mundo por meio de sua periferia – em sua variedade –; o segundo, em seu centro – sua natureza. E, portanto, o primeiro acrescenta uma construção à outra, avançando para a frente e para o alto, por assim dizer, de uma etapa para a seguinte, ao passo que o outro permanece onde está e o que tentar entender é sempre a mesma coisa[50].

Está claro o conflito entre um movimento de expansão, crescimento, complexificação e progresso próprio da civilização técnico-científica ocidental e outro movimento de permanência, estabilidade e busca de clareza por meio da prática de descrição gramatical. É evidente, portanto, que a divisa-guia "não pense, veja" (*IF*, § 66) propõe um olhar qualificado, pois "o filósofo diz: 'veja as coisas *assim!*'"[51]. Com base nessas considerações, pode-se afirmar que há um exercício de interpretação nas descrições de práticas linguísticas desenvolvidas nas *Investigações Filosóficas*, ainda que essa dimensão hermenêutica não seja explicitamente refletida.

De qualquer modo, a tentativa de construir uma ambientação para o diálogo entre Wittgenstein e Heidegger desenvolvida neste texto torna claro uma diferença na descrição das relações entre vida

---

50. WITTGENSTEIN, L., Philosophische Bemerkungen, *Werkausgabe*, Frankfurt, Suhrkamp, 1984, v. 3. Há outra versão desse prefácio publicado no *Cultura e Valor*, cf.: Vermischte Bemerkungen, in: *Werkausgabe*, v. 8, p. 458-460.
51. Idem, Vermischte Bemerkungen, in: *Werkausgabe*, v. 8, p. 537; cf. idem, *Wittgenstein, Lectures & Conversations, on Aesthetics, Psychology and Religious Belief*, p. 28: "Eu estou num certo sentido fazendo propaganda para um estilo de pensamento em oposição a outro".

cotidiana, linguagem e pensamento filosófico que só podem ser encaradas como expressão da diversidade nas abordagens. A contraposição entre as duas perspectivas e as divergências ressaltadas revelam que a observação feita nas *Investigações* de que não há teses na filosofia (*IF*, § 128) significa "apenas" que nenhuma solução para os problemas filosóficos tradicionais será apresentada; em vez disso será efetuada a dissolução por meio da descrição de práticas de uso públicas. Ou seja, a observação esclarece que Wittgenstein não pretende participar de debates sobre problemas que são fruto de confusão linguística, mas não implica que o método proposto para sua eliminação não pressuponha uma chave de leitura para descrever as conexões entre pensamento, linguagem e vida cotidiana. Se não há discussão acerca de quais são as melhores respostas para pseudoproblemas, poderá talvez acontecer um debate a respeito dos pressupostos da descrição das práticas linguísticas, sobre sua pertinência para solução de problemas filosóficos etc. Em outras palavras, a recusa da teoria, ou seja, da apresentação de explicações causais hipotéticas, não é capaz de libertar as investigações gramaticais do conflito de interpretações. Não apenas aquele relativo à exegese de sua estrutura e regras, mas principalmente do conflito de interpretações relativo ao tema principal de suas descrições, a ligação entre jogos de linguagem e formas de vida. A única saída possível da inevitável situação hermenêutica que constitui todo filosofar, o quarto que aparenta ser uma prisão sem ser de fato, seria realizar uma *epoché* equivalente à proposta pelos céticos. Teríamos, nesse caso, a suspensão radical de toda descrição. De outro modo, torna-se difícil recusar que a filosofia, entendida como uma maneira de viver qualitativamente alterada por meio da elaboração de um discurso de caráter descritivo, possui um traço hermenêutico.

A afirmação de que não há pensamento fora do universo de sentido implica inevitavelmente que a possibilidade do esclarecimento do discurso filosófico de descrição da vida cotidiana só pode acontecer por meio de um esclarecimento da relação entre essa descrição e a própria vida, entre linguagem e fenômenos ou para usar os termos tradicionais entre conceito e intuição. Na discussão dessa relação transparece, outra vez, a divergência central entre a analítica existencial e as investigações gramaticais a respeito da presença ou não de uma experiência ontológica na articulação de sentido que acontece na linguagem. Para Wittgenstein, com a introdução da noção de gramática e o consequente abandono da noção da universalidade da sintaxe lógica, ocorre uma quebra da isomorfia e uma consequente autonomização do sentido diante dos fenômenos e dos fatos. A superação da semântica referencial torna as regras linguísticas independentes de toda realidade não linguística. Para Heidegger é a posição contrária que é verdadeira; pois todo sentido, em última instância, é ontológico. A totalidade significativa projetada pela compreensão é o horizonte de manifestação e encontro do ente em seu ser. O que pode ser compreendido possui sentido, "rigorosamente, porém, o que é compreendido não é o sentido, mas o ente e o ser" (SZ, p. 151).

Essa discordância não impede a afirmação conjunta de que o universo de sentido, no qual pensamento e linguagem se entrelaçam, é o lugar em que são configuradas as coordenadas fundamentais da existência. Na discursividade do mundo e nos jogos de linguagem são articuladas as relações básicas com o mundo, ocorre a delimitação do que entendemos como fenômeno. De algum modo, a identidade das coisas, ou seja, sua "essência", é disputada na linguagem. Para a fenomenologia hermenêutica, trata-se de um movimento de desvelamento, de exposição; para a investigação gramatical, trata-se de um movimento de ordenamento de decisões estabelecidas na linguagem, nas implicações de entendimento geradas na gramática. De um modo ou de outro, revela-se na compreensão concretizada na linguagem um posicionamento do ser humano frente aos fenômenos e às coisas a partir do mundo que habita.

Para Wittgenstein, é sempre na linguagem que as essências são determinadas. Essa afirmação, entretanto, recebe leituras diferentes em cada uma de suas fases. No *Tractatus*, a relação entre linguagem e mundo é isomórfica, ou seja, fundamentada na identidade formal entre as estruturas linguísticas e as estruturas ontológicas, entre proposição e estado de coisas. Conhecer a essência da proposição, portanto, permite conhecer a essência do mundo (TLP 5.4711). Nas *Investigações*, a linguagem continua vinculada a "essências", mas não mais por meio de um espelhamento da estrutura efetiva do mundo. É de modo autônomo que as regras gramaticais dos jogos de linguagem apresentam a rede conceitual que prefigura como olhamos as coisas, delimitando o que vale como fenômeno. Nos jogos de linguagem nos quais a relação com entidades é pertinente para sua execução, as proposições gramaticais estruturam o sentido das expressões linguísticas demarcando o que será considerado como "isto" ou "aquilo".

O movimento de determinação realizado na gramática é concebido por meio da diferença entre a lógica dos conceitos expressa em proposições gramaticais e as proposições empíricas. Não se trata de uma diferença estrutural entre tipos de proposição fixos, mas de uma distinção entre modos de emprego de proposições que gera ou permite uma oscilação e circulação contínua nessa fronteira: "Proposições são frequentemente usadas na fronteira entre a lógica e a empiria, de tal modo que o seu sentido desloca-se de um lado para o outro, valendo ora como expressão de uma norma ora como expressão de uma experiência"[52]. Enquanto as proposições empíricas são lances no interior de um jogo de linguagem, as proposições gramaticais são as proposições lógicas que apresentam as regras das expressões linguísticas. A diferença é feita pelo emprego das proposições nos jogos de linguagem. A pretensão em descrever as regras dos jogos de linguagem, ou seja, a sua lógica, torna as investigações gramaticais metodologicamente conceituais. O trabalho de descrição do cotidiano é uma exposição das convenções sociais de usos linguísticos que delimitam toda experiência possível no interior de um jogo de linguagem.

De fato, os fenômenos são definidos com base na gramática, e não no inverso, pois o conjunto de regras de um jogo de linguagem é arbitrário no sentido de que é independente da realidade. Desse modo, nenhum esquema conceitual pode ser justificado por intermédio da apresentação de fatos (Z, § 331)[53]. Toda perspectiva de acesso aos fatos já

---

52. WITTGENSTEIN, L., Bemerkungen über die Farben, in: *Werkausgabe*, v. 8, Frankfurt, Suhrkamp, 1984, I § 32, p. 20.
53. *Zettel*, § 191: "as palavras não são a tradução de um outro que já existia antes delas".

pressupõe a gramática de algum jogo de linguagem, por isso nenhuma realidade extralinguística é capaz de causar uma reforma ou ajuste na gramática. É evidente que a independência e arbitrariedade não implicam que não há contato entre os jogos de linguagem e aspectos da realidade, como se fosse possível uma indiferença radical na formulação dos conceitos. Todo jogo de linguagem pressupõe uma interação com o mundo, por isso certos elementos são inevitavelmente levados em consideração em virtude de sua relevância para as práticas. Um exemplo simples, fornecido por Wittgenstein, consiste na estabilidade ou constância do mundo. Caso os objetos mudassem continuamente de tamanho e peso, o jogo de linguagem da medição perderia sua "graça" (IF, § 142). Até mesmo a constituição biológica do ser humano é levada em consideração, pois todo jogo de linguagem observa "[...] o que nós podemos fazer e o que nós não podemos fazer" (Z, § 345). Esses fatos naturais gerais não devem, entretanto, ser tomados como causa ou fundamento dos jogos de linguagem[54]. Se a gramática os considera, sempre os insere como pressuposição de circunstâncias normais, não como elementos constitutivos do jogo de linguagem. A alteração que eventualmente realizamos no nosso esquema conceitual não nos torna mais próximos da realidade extralinguística (Z, § 438).

Essas ponderações evidenciam que a filosofia enquanto investigação gramatical não é uma atividade que leva em consideração somente palavras. Em primeiro lugar, a descrição da vida cotidiana pretende expor jogos de linguagem, ou seja, de que modo o emprego de expressões linguísticas está entrelaçado com práticas sociais. O vínculo entre palavra e ação impõe a consideração das circunstâncias em que essa junção ocorre de tal modo que a forma de vida, na qual ela é possível, torne-se visível (IF, § 19). A descrição da vida cotidiana necessita, portanto, apresentar o "cenário do jogo de linguagem" (IF, § 179), o complexo de relações entre sinais, falantes, comportamentos, atividades não linguísticas e situações sociais. Todo jogo de linguagem tem seu caráter

---

54. WITTGENSTEIN, L., Philosophische Untersuchungen, in: Werkausgabe II, xii, p. 578, v. 1; idem, Investigações Filosóficas, p. 295.

próprio (*IF*, § 568). Sob a perspectiva dessas ligações, as palavras não são meras palavras, pois a ambientação numa forma de vida, que sustenta seu emprego, revela que elas remetem a "fenômenos da vida humana" (*IF*, § 583).

Em segundo lugar, as palavras formam um esquema conceitual que organiza nossas experiências. Nas *Investigações Filosóficas* foi abandonada toda pretensão de investigação ontológica, por isso não há acesso à estrutura última da realidade; a natureza das coisas não é captada por meio da intuição nem indicada pela linguagem. Todavia, ainda que a linguagem não mostre a realidade "em si", a gramática demarca, com as regras de uso das expressões, que tipo de objeto uma determinada entidade é, qual a sua identidade (*IF*, § 371). É na gramática que é expressa a essência dos fenômenos (*IF*, § 371). Dito de outro modo, se a atenção da investigação é redirecionada dos fenômenos para os seus conceitos (*IF*, § 383), essa orientação nos coloca em relação direta com o espaço em que a estruturação do significado dos fenômenos é realizada. As palavras são conceitos que delimitam as distinções pertinentes a uma forma de vida particular e suas atividades. Nas *Investigações*, Wittgenstein comenta, por exemplo, que a descrição da gramática do jogo de linguagem da expressão "representação" não lida "meramente" com palavras, pois "na medida em que na minha interrogação é discutida a palavra 'representação', é discutida também a essência da representação" (*IF*, § 370).

A investigação gramatical pressupõe, portanto, um modo próprio de abordagem de objetos pela mediação da linguagem. Em vez de tentar decifrar o que as coisas são em si mesmas, procura obter uma visão panorâmica das práticas de uso de seu conceito[55]. O que justifica esse modo de abordagem é o princípio, ou seja, o pressuposto, de que "a natureza dos fenômenos é encontrada na lógica dos conceitos"[56]. Se a

---

55. WITTGENSTEIN, L., Bemerkungen über die Farben, in: *Werkausgabe*, v. 8, II § 43, p. 50: "Em filosofia, não basta aprender o que tem de se dizer em todos os casos sobre um objeto, mas também como dele devemos falar. Temos sempre de começar por aprender o método de abordá-lo".

56. Idem, Bemerkungen über die Farben I, § 71.

lógica do conceito determina o significado das expressões, determina também a "essência" do fenômeno que experimentamos pela mediação das expressões linguísticas[57]. É evidente que "essência" não pode ser tomada aqui como o conjunto de propriedades compartilhadas objetivamente pelos membros de um conjunto. A essência de um fenômeno que é exposta no seu conceito é de natureza lógica, por isso o que a descrição apresenta são as propriedades internas que a gramática pressupõe como pertinentes para a identificação das entidades[58]. Wittgenstein comenta que é "como se devêssemos *desvendar* os fenômenos: nossa investigação, no entanto, dirige-se não aos *fenômenos*, mas, como poderíamos dizer, às 'possibilidades' dos fenômenos. Refletimos sobre o *tipo de enunciados* que fazemos sobre os fenômenos" (*IF*, § 90). Verificamos dois movimentos que precisam ser apreendidos em unidade: por um lado, a dissolução da busca ilusória de apreensão da essência das coisas em si mesmas; dissolução estabelecida por meio da descrição de práticas linguísticas; por outro, a reformulação da noção de "essência" enquanto natureza lógica dos fenômenos, ou seja, inscrições na própria linguagem de propriedade interna dos conceitos que medeiam a interação prática com o mundo e as coisas no contexto de uma forma de vida.

Podemos afirmar que a posição das *Investigações Filosóficas* acerca do caráter lógico-gramatical da essência exposta no § 90 apresenta uma inversão da máxima fenomenológica "de volta às coisas mesmas". Se é certo que a fenomenologia não concebe o acesso "às coisas mesmas" fora da mediação do sentido, é verdadeiro também que o que se mostra pela mediação não é em si mesmo nada de linguístico. Todas as precauções metodológicas visam justamente "fazer ver por si mesmo aquilo que se mostra, tal como se mostra com base em si mesmo. Esse

---

57. Idem, ibidem, § 39, p. 21: "Não digo (como fazem os psicólogos da forma) que a *impressão do branco* ocorre de tal ou tal modo. Mas a questão é justamente: o que é a impressão do branco? Qual é o significado dessa expressão, qual a lógica do conceito?".

58. Idem, Bemerkungen über die Farben, in: *Werkausgabe*, II, § 63, p. 54: "Se continuarmos a pensar assim, descobrimos pouco a pouco as "propriedades internas" de uma cor, aquelas em que de início não pensamos. E isso pode mostrar-nos o percurso de uma investigação filosófica".

é o sentido formal da investigação que se autodenomina fenomenológica" (SZ, p. 34). O que se mostra por meio do discurso não é de natureza lógico-gramatical, pois o *logos* hermenêutico não inscreve nem constata a inscrição dos fenômenos na estrutura da linguagem. A afirmação de que a linguagem é a casa do ser não propõe uma fusão entre habitação e habitante. Se há desvelamento de ser na linguagem, este não é desvelado enquanto fenômeno linguístico. Trata-se de trazer o ser à linguagem, e não de configurá-lo por meio de operações linguísticas. É decisivo, portanto, que o dizer fenomenológico não seja tomado como um dito que permanece retido em si. Só há mostração se não houver ruptura na relação entre *logos* e fenômeno. Como vimos, o cerne do falatório cotidiano consiste justamente na circulação das expressões linguísticas dissociadas da confrontação com os fenômenos formalmente indicados. Em termos da elaboração da descrição importa, antes de tudo, impedir a perda da referência à fenomenalidade tomando o dizer como indicação.

Vista à luz dessa questão, a discussão fenomenológica da indicação formal recorda uma conhecida lenda da tradição zen-budista. Trata-se da estória da monja que aprende com o mestre que o gesto de indicação não deve ser confundido com a própria lua indicada por esse gesto[59]. Essa estória condensa de modo bastante claro o papel da linguagem na fenomenologia, ela é potência de mostração, ainda que incapaz de substituir a experiência de encontro com o que é indicado. Apesar de sua conhecida abertura para o diálogo com o Oriente, é difícil saber se Heidegger conhecia essa estória. Há, entretanto, uma interessante observação feita no seminário sobre Heráclito ministrado juntamente com Eugen Fink, no semestre de inverno de 1966-1967, que se refere exatamente à relação entre dizer e mostrar que aparece na

---

59. De acordo com uma certa versão, a estória conta que "um dia, uma monja chamada Wujicang perguntou ao sexto patriarca zen Huineng: – Eu estudo o nirvana sutra há muitos anos e ainda não compreendo bem algumas passagens. Acha que poderia explicá-las para mim? Ele respondeu: – Lamento, mas não sei ler. Se puder ler as passagens, tentaria ajudá-la. Ela comentou surpresa: – Se não consegue ler as palavras, como pode compreender a verdade por trás delas? O mestre então respondeu: – A verdade e as palavras não estão relacionadas. Posso apontar para a lua, mas meu dedo não é a lua".

estória zen-budista. A certa altura do debate, Heidegger comenta: "há um ditado chinês que diz: 'é melhor mostrar uma vez do que dizer cem vezes'. Contrariamente a isso, a filosofia é forçada justamente a mostrar por meio de um dizer"[60]. Na impossibilidade de uma experiência direta com os fenômenos, tanto pelo primado do velamento quanto pela inevitável mediação do sentido, a filosofia não pode prescindir do discurso. Toda exibição dos fenômenos realizados pela filosofia pressupõe a intervenção do *logos*, não há ato de mostração filosófico que seja independente do dizer. Essa presença inevitável do discurso não impede o filósofo de ressaltar a principal restrição da linguagem na atividade de mostração: a limitação de ser indicação vazia. É fundamental ter claro que "a caracterização formal não fornece a essência [...]"[61]. Para a fenomenologia hermenêutica, a filosofia é uma atividade que acontece enquanto discurso que procurar tornar visível o ser através da palavra, ao mesmo tempo que procura resguardar na indicação a "passagem" para o "assinalado". Fenomenologia é o trânsito do *logos* desvelador para o fenômeno desvelado.

Não permanecendo *efetivamente* em silêncio nem recorrendo a frases enigmáticas (*koans*), a filosofia necessita elaborar um discurso que não permaneça em si mesmo, mas que seja a concretização da abertura como um possível voltar-se para as coisas mesmas através do dizer mostrador. Em suma, a questão que a elaboração da indicação formal pretende resolver é a de saber como alcançar as coisas mesmas por conceitos, sem tomar os conceitos pelas coisas mesmas. Está claro tanto pela discussão dessa concepção proposta por Heidegger, bem como também pela intuição exposta na estória zen, que tudo depende da relação com a linguagem. Para aproveitar as virtudes indicativas da própria linguagem é necessário saber como ler o gesto de indicação

---

60. HEIDEGGER, M., FINK, E., *Heraklit*, GA 15, p. 34.
61. HEIDEGGER, M., *Die Grundbegriffe der Metaphysik*, GA 29/30, § 70, p. 424; idem, *Os conceitos fundamentais da Metafísica: Mundo – Finitude – Solidão*, p. 336. Cf. *Phänomenologische Interpretationen zu Aristoteles*, GA 61, p. 32; idem, *Interpretações fenomenológicas sobre Aristóteles – Introdução à pesquisa fenomenológica*, p. 41.

apresentado, recebendo-o como direcionamento do olhar para o fenômeno sem confundi-los.

Desse modo, pode-se afirmar que a concepção de indicação formal contém duas problemáticas filosóficas entrelaçadas: de um lado, a relação de comunicação genuína baseada numa transformação existencial; de outro, a relação *logos* e fenômeno. A fenomenologia hermenêutica parte de um duplo pressuposto, primeiro o de que a linguagem tem de fato recursos para realizar a indicação e mostração dos fenômenos e, segundo, que o interlocutor ou interlocutora tem ou poderá adquirir olhos experimentados para ver o que está sendo indicado. A compreensão genuína da indicação formal inclui num mesmo movimento a apropriação de si que acompanha a conquista da atitude fenomenológica e a problematização conceitual dos fenômenos oferecida pela indicação, ou seja, exercício pleno da própria fenomenologia.

De modo análogo a Wittgenstein, Heidegger tenta lidar com essas questões por meio da distinção entre dois tipos de proposição, cujo critério de diferenciação é o par conceitual essência-fato. O discurso fenomenológico pretende exibir estruturas ontológicas de diferentes entidades, ou seja, as determinações que configuram cada ente em seu ser; já que

> "ente" [, por sua vez,] é tudo aquilo de que falamos, o que visamos, aquilo com o qual nos comportamos deste ou daquele modo, ente é também o que e como nós mesmos somos. O ser está no fato de que algo é e em seu ser-assim, na realidade, na subsistência [*Vorhandenheit*], na consistência [*Bestand*], validade, no ser-aí, no "há" (*SZ*, p. 6-7).

Em *Ser e Tempo*, no decorrer da preparação do solo fenomenal para a repetição do sentido do ser em geral, são descritas três estruturas ontológicas: a existencialidade, a subsistência e a instrumentalidade.

No caso da análise da existência, Heidegger procura exibir as estruturas ontológico-existenciais com base em três critérios de identificação: necessidade, caráter *a priori* e poder possibilitador. As estruturas ontológicas são necessárias, pois são constitutivas (*SZ*, p. 116)[62],

---

62. Cf. também HEIDEGGER, M., *Prolegomena zur Geschichte des Zeitbegriffs*, GA 20, p. 211, 214.

ou seja, não são adquiridas por meio de relações que lhe antecedam nem estão passíveis de eliminação sem a perda da identidade do ente que determinam. Os critérios do *a priori* e da possibilitação estão co-implicados, pois só há "anterioridade" da estrutura de ser na mesma medida em que esta estabelece as condições de possibilidade das concreções existenciárias de ente que sou[63]. Com base nos três critérios mencionados, pode-se entender que a essência exibida nas proposições ontológicas não é tomada nos termos tradicionais de um conjunto de propriedades atemporais. Os existenciais não são esquemas de classificação de objetos pela atribuição de propriedades, mas caracteres ontológicos que descrevem modos de ser da existência em seu acontecer temporal. Essas determinações ontológicas são estruturas *a priori* que se temporalizam na concretude do "a cada vez" da existência fática que possibilitam.

Será impossível uma compreensão adequada das indicações formais sem a clareza a respeito dessa distinção entre a acepção pré-filosófica dos conceitos dada na linguagem ordinária e o sentido ontológico instituído com base na visão filosófica dos fenômenos. Enquanto as proposições ontológicas da fenomenologia descrevem essências, por contraposição, as proposições ônticas da ciência e da vida cotidiana expressam "apenas" constatações factuais e contingentes. Essa diferença da significação é ressaltada por Heidegger no esclarecimento do sentido transcendental do conceito de mundo no tratado *A Essência do Fundamento*[64]. Ao afirmar que a existência humana é ser-no-mundo, a analítica existencial não está descrevendo a ocorrência factual de seres humanos. Essa constatação seria um enunciado meramente ôntico a respeito de factualidades, ou seja, de estados de coisas contingentes. Ao contrário, a caracterização da existência como ser-no-mundo

---

63. Idem, *Metaphysische Anfangsgründe der Logik im Ausgang von Leibniz*, GA 9, § 10, p. 171-77.

64. Cf. além do conceito de mundo, a diferença entre aspectos ônticos (factuais/contingentes) e estruturas ontológicas (essenciais/necessárias) é enfatizada na análise do ser-com (*SZ*, § 26, p. 120), da decadência (*SZ*, § 38, p. 179), da historicidade enquanto acontecer temporal (*SZ*, § 66, p. 332) e, por extensão, na tematização de todos os outros existenciais.

expõe uma determinação constitutiva, pois "atribuir ao ser-aí o ser-no-mundo como constituição fundamental significa enunciar algo sobre sua essência (sua possibilidade interna mais própria enquanto ser-aí)"⁶⁵.

A interpretação verbal do conceito de essência como temporalização de estruturas ontológicas enquanto possibilidade interna de um ente em seu ser pertence ao cerne do projeto da ontologia fundamental. A meta da investigação era evidenciar o tempo como horizonte transcendental de toda compreensão de ser com base na análise das estruturas fundamentais do ser-aí. Por algum motivo não completamente explicitado, o plano não foi executado e o texto permaneceu incompleto. Há fortes indícios de que a interrupção está diretamente ligada à temática da linguagem, mais especificamente ao problema da relação entre discurso e temporalidade. O próprio Heidegger reconhece que dificuldades linguísticas estão no cerne da crise do projeto da ontologia fundamental. Comentando a terceira seção, não publicada, de *Ser e Tempo* que inverte o título da obra, ele observa na *Carta sobre o Humanismo* que "a secção problemática foi retida porque o pensamento fracassou em dizer de modo suficiente esta virada e não conseguiu expressá-la com a linguagem da metafísica"⁶⁶. Em algum ponto do percurso apareceu um desafio linguístico que acabou por se revelar insuperável.

Em que consiste tal impasse? De início, importa destacar que a fenomenologia hermenêutica propõe um deslocamento do fio condutor da investigação ontológica. Heidegger observa que desde os "inícios decisivos da ontologia antiga o λόγος funcionava como o único fio condutor para o acesso ao ente propriamente dito e para a determinação do ser deste ente'" (SZ, p. 154). Se fosse o caso de apresentar essa correlação tradicional por meio de alguma expressão-guia, teríamos que

---

65. HEIDEGGER, M., Vom Wesen des Grundes, in: *Wegmarken*, GA 9, p. 141; idem, A Essência do Fundamento, in: *Marcas do Caminho*, p. 153.
66. Idem, Brief über den Humanismus, in: *Wegmarken*, GA 9, p. 328; idem, Carta sobre o Humanismo, in: *Marcas do Caminho*, p. 340.

recorrer a formulações como "Ser e Pensar"[67] ou "Ser e *Ratio*"[68]. Pelo contraste, se torna mais visível a mudança de perspectiva envolvida no título "Ser e Tempo".

Não se trata, todavia, de um mero ato de substituição que põe o tempo no lugar do *logos*, pois

> [o] nome "tempo" no mencionado título é, de acordo com o claro pertencimento ao ser, o pré-nome [*Vorname*] para a essência mais originária da *aletheia* e nomeia o fundamento de essência [*Wesensgrund*] para a *Ratio* e todo pensar e dizer. "Tempo" é em "Ser e Tempo", por mais estranho que tenha que soar, o pré-nome para o *fundamento* inicial [*Anfangsgrund*] da palavra[69].

Na medida em que a essência da linguagem consiste no desvelamento do ser e esse desvelamento, por sua vez, encontra no tempo sua mais própria determinação, a tematização do nexo originário entre ser e tempo alcança o fundamento da linguagem. Assim, enquanto pré-nome que indica a origem que "antecede" toda palavra, em vez de retirar o *logos* do seu lugar, o tempo garante que este encontre sua gênese. Além disso, também não há uma mera substituição do *logos* pelo tempo, pelo fato de que é preciso recorrer à própria linguagem para tornar visível este "brotar" da linguagem com base no tempo. A filosofia, como vimos, é incapaz de mostrar sem dizer; por isso, é somente por meio do *logos* que o fenômeno se mostra com base em si mesmo. É unicamente na linguagem que a origem da palavra pode ser apresentada, o tempo enquanto pré-nome terá que ser dito. Nesse sentido, apesar do deslocamento proposto no título *Ser e Tempo*, a linguagem permanece essencial para a fenomenologia hermenêutica, pois a tematização desse nexo originário pressupõe a elaboração de um *logos* do tempo [*Logos von der Zeit*][70]. Todo discurso ontológico exibe conceitualmente as estruturas que são determinações do tempo originário:

---

67. Idem, Kants These über das Sein, in: *Wegmarken*, GA 9, 1996, p. 480; idem, Carta sobre o Humanismo, in: *Marcas do Caminho*, p. 486.
68. HEIDEGGER, M. *Parmenides*, GA 54, Frankfurt, Vittorio Klostermann, 1982, p. 113.
69. Idem, *Parmenides*, p. 113.
70. Idem, *Logik, Die Frage nach der Wahrheit*, GA 21, § 15, p. 200.

Quando questionamos os fenômenos nesta perspectiva de saber em que medida eles sãos caracterizados pelo tempo, tornamos tema a sua estrutura temporal [*temporale*], numa palavra: sua temporalidade [*Temporalität*]. A tarefa de investigação da temporalidade dos fenômenos é uma tal que os refere a estas determinações do tempo mesmas e, portanto, se ela é filosófica, ao tempo[71].

É no esforço de elaboração do discurso que pretende exibir as determinações ontológico-temporais dos entes que a analítica existencial desemboca num impasse cuja consequência mais grave não é apenas a interrupção da escrita de *Ser e Tempo*, mas sim uma crise do projeto. Irei discutir brevemente dois aspectos correlacionados dessa crise. O primeiro, constantemente referido por Heidegger, consiste na constatação da existência de empecilhos linguísticos para a elaboração do *logos* do tempo. O segundo, não trabalhado por Heidegger, é uma consequência não explicitada do primeiro aspecto e consiste no fato de que esses empecilhos linguísticos obstruem também a clarificação fenomenológica da essência da linguagem.

Com relação ao primeiro aspecto, encontramos, já no início de *Ser e Tempo*, a já citada observação de que para a descrição da estrutura ontológico-temporal dos entes "não apenas faltam, na maioria das vezes, palavras, mas sobretudo a 'gramática'" (*SZ*, p. 39). A linguagem possui estruturas mais adequadas para a descrição de propriedades e relações de coisas do que para exibir determinações ontológico-temporais. O uso filosófico da linguagem não altera tal limitação, de modo que não existe diferença lógico-gramatical entre as proposições fenomenológicas e mundanas. Heidegger ressalta que quando

> nós usamos em enunciados a expressão o tempo é isto e aquilo, o tempo é temporal, então este "é" tem o significado de um pôr categorial especificamente fenomenológico, que, *enquanto expressivo, deve possuir a estrutura do enunciado mundano*, cujo sentido enunciativo primário não é a exibição de um ente subsistente, mas o deixar compreender o ser-aí[72].

---

71. Idem, ibidem, § 15, p. 199.
72. HEIDEGGER, M., *Logik, Die Frage nach der Wahrheit*, GA 21, § 37, p. 410. Itálicos meus.

Essa restrição pode gerar problemas de comunicação, pois o fato de que as proposições fenomenológicas aparentem ser proposições mundanas acerca de estados de coisas factuais-contingentes as torna sempre expostas à possibilidade da incompreensão, pois a tematização do ser e suas determinações temporais pode ser tomada como a apresentação de propriedades ônticas de entidades. No entanto, o problema maior não é de incompreensão, porém de formulação. O maior impedimento da gramática para a fenomenologia hermenêutica não consiste em dificultar um dizer apropriado, mas em impedir antes de tudo uma apreensão da possibilidade do próprio dizer.

O segundo aspecto da crise é uma consequência desse último impedimento. Do fato de que a linguagem não forneça "recursos" apropriados para a elaboração do *logos* do tempo decorre que sua essência desveladora não seja esclarecida suficientemente. A não descrição do nexo entre ser e tempo implica que o discurso não apresenta sua própria gênese, ou seja, não evidencia como o tempo originário se constitui enquanto pré-nome de toda palavra; permanecendo obscura, com isso, a natureza da sua relação com o desvelamento do ser. Heidegger observa em *Ser e Tempo* que o discurso, no contexto das ocupações cotidianas, aparece, no mais das vezes, como um tratar dos entes [*Bereden von Seienden*]; por isso, a "análise da constituição temporal [*zeitlich*] do discurso e a explicação dos caracteres temporais das estruturas linguísticas só poderão ser abordadas quando o problema da conexão fundamental entre ser e verdade tiver sido desenvolvido com base na problemática da temporalidade" (*SZ*, p. 349). Nesse mesmo contexto, Heidegger ressalta que somente seria possível delimitar o sentido ontológico do "é" proposicional e esclarecer a emergência das significações linguísticas com base na exibição da conexão entre ser e verdade por meio do tempo. Temos assim, uma circularidade que não se completa na elaboração do *"logos"* do tempo. Para dizer o ser, numa exposição conceitual de determinações temporais, é necessário reelaborar as características linguísticas responsáveis pela expressão da temporalidade. Para elaborar a estrutura linguística de tal modo que esta se torne capaz de dizer o tempo numa dimensão ontológica e não meramente ôntica, é necessário esclarecer o nexo entre ser e tempo. Na medida em que essa determinação recíproca não é resolvida – apesar da frequente reafirmação da tese de que a essência da linguagem consiste no desvelamento –, permanece indeterminado qual o tipo de relação que vigora entre dizer e mostração. Assim a linguagem se transforma numa pedra no caminho de *Ser e Tempo*.

Essa dificuldade nunca é resolvida completamente pela fenomenologia hermenêutica. Nem mesmo o recurso metódico da indicação formal está à altura do desafio aqui discutido. A própria interrupção da obra e a crise do projeto corroboram isto, do contrário sua conclusão teria sido alcançada. Em que medida a noção de indicação formal é incapaz de resolver o impasse linguístico mencionado? Vejamos esta incapacidade por meio dos dois aspectos principais da crise. Em primeiro lugar, é insuficiente porque não enfrenta o caráter limitador das estruturas lógico-gramaticais diretamente. A tarefa de "libertação da linguagem dos grilhões da gramática e a abertura de um espaço essencial mais originário"[73], entregue ao encargo dos pensadores e poetas, permaneceu não realizada e a situação nunca foi realmente superada. O pensamento permaneceu no mesmo estado de restrição às amarras da gramática e da lógica, buscando continuamente um dizer capaz de trazer o ser à palavra. Nem o diálogo com a linguagem poética nem os experimentos linguísticos com tautologias, aliterações, inversões, etimologias garantiram a liberação exigida. O próprio trabalho fenomenológico de mostração não pôde nem alterar nem evitar a limitadora estrutura da proposição. No término da conferência *Tempo e Ser*, proferida em 1962, Heidegger retorna novamente ao tópico dos empecilhos da linguagem e ressalta que o dizer da conferência permanece insuficiente porque "apenas falou por proposições enunciativas"[74]. Ou seja, apesar de toda insuficiência da estrutura proposicional, ela permanece a forma do dizer fenomenológico na ausência de alternativas. Em segundo lugar, a indicação formal é insuficiente, porque trata do uso

---

73. HEIDEGGER, M., Brief über den Humanismus, in: *Wegmarken*, GA 9, 1996, p. 314; idem, Carta sobre o Humanismo, in: *Marcas do Caminho*, p. 327.
74. Idem, Zeit und Sein, in: *Zur Sache des Denkens*, GA 14, Frankfurt, Vittorio Klostermann, 2007, p. 30.

fenomenológico da linguagem já pressupondo a potência de mostração da linguagem. A afirmação de que a linguagem fenomenológica é indicativa deixa em aberto a clarificação da possibilidade da própria indicação. Tomando novamente a citada conferência como exemplificação, encontramos no seu início a seguinte advertência: "Não se trata de ouvir uma série de proposições enunciativas, mas de seguir o andamento do mostrar "[75]. Ora, para que seja pertinente tal advertência é preciso que possamos seguir de fato as indicações; mas a questão central é justamente saber como a linguagem mostra. No enfrentamento dessas dificuldades, a fenomenologia hermenêutica permaneceu, no trabalho de elaboração de um pensamento do ser, a caminho da linguagem.

---

75. Idem, ibidem, p. 6.

Breve consideração final

O diálogo entre Heidegger e Wittgenstein nos permite problematizar as potencialidades da filosofia em meio à condição humana. A descoberta da vida cotidiana, ou seja, da articulação de sentido pelo ser humano no horizonte do ser-no-mundo, na textura das formas de vida, revela o lugar primeiro da significação linguística e, por consequência, de toda atividade de pensamento. Partindo desse solo inicial, a filosofia se realiza à medida que promove uma transformação da atitude inicial cotidiana por meio da elaboração de um discurso alternativo de interpretação das relações entre linguagem, pensamento e cotidiano. É esse entrelaçamento que permite ao questionamento filosófico tornar-se pertinente para o ser humano, mesmo que não se restrinja a seu possível impacto sobre a existência. A meditação filosófica, enquanto forma possível de apropriação discursiva da vida cotidiana, não se esgota nem na eficácia da terapia nem no despertar existencial que talvez possa promover. Para entender sua abrangência, é necessário acompanhar o movimento circular que a filosofia realiza partindo da cotidianidade na direção dos problemas filosóficos para retornar à cotidianidade inicial depois dessa confrontação. Se a filosofia opera uma transformação existencial, efetiva essa mudança por meio da atividade de crítica do sentido, ou seja, de problematização radical das condições de compreensão, interpretação e expressão linguística. A descoberta da vida cotidiana revela a estrutura hermenêutica de toda experiência humana e a filosofia enquanto elucidação conceitual da vida humana nas suas relações mais fundamentais.

Apesar dessa convergência mais ampla entre Heidegger e Wittgenstein, pode-se constatar que não existe uma confluência radical entre esses pensadores. Por meio das diferentes etapas da construção desse diálogo não apenas não atingimos uma síntese abarcadora das posições, mas pode-se até afirmar que ela parece ser completamente inviável. A despeito do eixo temático comum encontrado na cotidianidade, permanece entre Heidegger e Wittgenstein uma discordância fundamental a respeito da natureza da filosofia e de sua tarefa principal que pode ser concretizada na disputa concernente à existência ou não de uma dimensão ontológica da linguagem. Trata-se de saber se a estrutura da compreensão e/ou a gramática da linguagem fornecem ou não subsídios para a interpretação ontológica da estrutura do mundo. Não há unificação possível para essa dicotomia; temos aqui um dilema que divide caminhos de pensamento em direções divergentes. A decisão acerca de que caminho tomar nessa encruzilhada envolve não apenas a determinação da natureza da filosofia e sua possibilidade enquanto discurso, mas também uma clarificação desse cerne da existência humana que denominamos "autocompreensão".

Referências bibliográficas

Bibliografia primária

HEIDEGGER, Martin; RICKERT, Heinrich. *Briefe 1912-1933 und andere Dokumente*. Frankfurt: Vittorio Klostermann, 2002.

HEIDEGGER, Martin. [GA 3] *Kant und das Problem der Metaphysik*. Frankfurt: Vittorio Klostermann, 1991.

____. [GA 4] *Erläuterung zu Hölderlins Dichtung*. Frankfurt: Vittorio Klostermann, 1996.

____. [GA 5] *Holzwege*. Frankfurt: Vittorio Klostermann, 2003.

____. *Der Ursprung des Kunstwerkes*. In: *Holzwege*. Frankfurt: Vittorio Klostermann, 2003. p. 1-74.

____. *A Origem da Obra de Arte*. Trad. Maria da Conceição Costa. Lisboa: Edições 70, 1990.

____. [GA 9] *Wegmarken*. Frankfurt: Vittorio Klostermann, 2004.

____. *Was ist Metaphysik?* In: *Wegmarken*. Frankfurt: Vittorio Klostermann, 2004.

____. *Vom Wesen des Grundes*. In: *Wegmarken*. Frankfurt: Vittorio Klostermann, 2004.

____. Phänomenologie und Theologie. In: *Wegmarken*. Frankfurt: Vittorio Klostermann, 1996.

____. Brief über den Humanismus. In: *Wegmarken*. Frankfurt: Vittorio Klostermann, 1996. p. 311-364.

____. Carta sobre o Humanismo. In: *Marcas do Caminho*. Petrópolis: Vozes, 2008. p. 326-376.

____. Fenomenologia e Teologia. In: *Marcas do Caminho*. Petrópolis: Vozes, 2008.

____. A Essência do Fundamento. In: *Marcas do Caminho*. Petrópolis: Vozes, 2008.

____. Kants These über das Sein. In: *Wegmarken*. Frankfurt: Vittorio Klostermann, 1996. p. 445-480.

____. A Tese de Kant sobre o Ser. In: *Marcas do Caminho*. Petrópolis: Vozes, 2008. p. 455-487.

____. O que é Metafísica? In: *Marcas do Caminho*. Petrópolis: Vozes, 2008.

____. [GA 14] *Zur Sache des Denkens*. Frankfurt: Vittorio Klostermann, 2007.

____. Zeit und Sein. In: *Zur Sache des Denkens*. Frankfurt: Vittorio Klostermann, 2007. p. 3-30.

HEIDEGGER, Martin; FINK, Eugen. [GA 15] *Heraklit*. Frankfurt: Vittorio Klostermann, 1996.

HEIDEGGER, Martin. [GA 20] *Prolegomena zur Geschichte des Zeitbegriffs*. Frankfurt: Vittorio Klostermann, 1994.

____. [GA 21] *Logik, Die Frage nach der Wahrheit*. Frankfurt: Vittorio Klostermann, 1976.

____. [GA 24] *Die Grundprobleme der Phänomenologie*. Frankfurt: Vittorio Klostermann, 1997.

____. [GA 26] *Metaphysische Anfangsgründe der Logik im Ausgang von Leibniz*. Frankfurt: Vittorio Klostermann, 1978.

____. [GA 27] *Einleitung in die Philosophie*. Frankfurt: Vittorio Klostermann, 2001.

____. *Introdução à Filosofia*. Trad. Marcos Casanova. São Paulo: Martins Fontes, 2008.

____. [GA 29/30] *Die Grundbegriffe der Metaphysik: Welt – Endlichkeit – Einsamkeit*. Frankfurt: Vittorio Klostermann, 2004.

____. *Os conceitos fundamentais da Metafísica: Mundo – Finitude – Solidão*. Trad. Marcos Casanova. São Paulo: Forense Universitária, 2006.

Referências bibliográficas

____. [GA 36/37] *Sein und Wahrheit*. Frankfurt: Vittorio Klostermann, 2001.

____. *Ser e Verdade*. Trad. Emmanuel Carneiro Leão. Petrópolis: Vozes, 2007.

____. [GA 38] *Logik als die Frage nach dem Wesen der Sprache*. Frankfurt: Vittorio Klostermann, 1998.

____. [GA 40] *Einführung in die Metaphysik*. Frankfurt: Vittorio Klostermann, 1983.

____. *Introdução à Metafísica*. Trad. Emmanuel Carneiro Leão. Rio de Janeiro: Tempo Brasileiro, 1978.

____. [GA 41] *Die Frage nach dem Ding*. Frankfurt: Vittorio Klostermann, 1984.

____. *Que é uma coisa? Doutrina de Kant dos Princípios Transcendentais*. Lisboa: Edições 70, 1992.

____. [GA 54] *Parmenides*. Frankfurt: Vittorio Klostermann, 1982.

____. [GA 56/57] *Zur Bestimmung der Philosophie*. Frankfurt: Vittorio Klostermann, 1999.

____. [GA 58] *Grundprobleme der Phänomenologie*. Frankfurt: Vittorio Klostermann, 1993.

____. [GA 60] *Phänomenologie des religiösen Lebens*. Frankfurt: Vittorio Klostermann, 1995.

____. [GA 61] *Phänomenologische Interpretationen zu Aristoteles. Einführung in die phänomenologische Forschung*. Frankfurt: Vittorio Klostermann, 1994.

____. *Interpretações fenomenológicas sobre Aristóteles – Introdução à pesquisa fenomenológica*. Petrópolis: Vozes, 2011.

____. [GA 63] *Ontologie (Hermeneutik der Faktizität)*. OC 63. Frankfurt: Vittorio Klostermann, 1995.

____. *Sein und Zeit*. Tübingen: Max Niemeyer Verlag, 2001.

____. *Ser e Tempo*. Trad. e apres. Márcia Sá Cavalcante Schuback. 10. ed. Petrópolis: Vozes/Bragança Paulista: Editora Universitária São Francisco, 2015.

____. *Unterwegs zur Sprache*. Pfullingen: Günther Neske, 2001.

____. *Zollikoner Seminare, Protokolle-Gespräche-Briefe*. Medard Boss (ed.). 3. ed., Frankfurt: Vittorio Klostermann, 2006.

____. *Vier Seminare*. Frankfurt: Vittorio Klostermann, 1977.

____. Die onto-theo-logische Verfassung der Metaphysik. In: *Identität und Differenz*. Estugarda: Klett-Cotta, 2008.

_____. A constituição onto-teo-lógica da metafísica. In: Coleção *Os Pensadores*. São Paulo: Abril, 1979. p. 189-202.

WITTGENSTEIN, Ludwig. *Werkausgabe*. Frankfurt: Suhrkamp, 1984. (8. vols.)

_____. Tagebücher 1914-1916. In: *Werkausgabe*. Frankfurt: Suhrkamp, 1984. v. 1.

_____. Tractatus Logico-Philosophicus. In: *Werkausgabe*. Frankfurt: Suhrkamp, 1984. v. 1.

_____. *Tractatus Logico-Philosophicus*. Trad. Luiz H. L. dos Santos. São Paulo: Edusp, 1994.

_____. Philosophische Untersuchungen. In: *Werkausgabe*. Frankfurt: Suhrkamp, 1984. v. 1.

_____. *Investigações Filosóficas*. Petrópolis: Vozes, 2009.

_____. Philosophische Bemerkungen. *Werkausgabe*. Frankfurt: Suhrkamp, 1984. v. 3.

_____. Wittgenstein und der Wiener Kreis. In: *Werkausgabe*. Frankfurt: Suhrkamp, 1984. v. 3.

_____. Das Braune Buch. In: *Werkausgabe*. Frankfurt: Suhrkamp, 1984. v. 3. p. 117-282.

_____. *O Livro Castanho*. Trad. Jorge Marques. Lisboa: Edições 70, 1992.

_____. *O Livro Azul*. Trad. Jorge Mendes. Lisboa: Edições 70, 1992.

_____. Bemerkungen über die Philosophie der Psychologie. In: *Werkausgabe*. Frankfurt: Suhrkamp, 1984. v. 7. p. 5-346.

_____. Letzte Schriften über die Philosophie der Psychologie. In: *Werkausgabe*, Frankfurt: Suhrkamp, 1984. v. 7. p. 347-500.

_____. Bemerkungen über die Farben. In: *Werkausgabe*. Frankfurt: Suhrkamp, 1984. v. 8. p. 7-112.

_____. *Anotações sobre as Cores*. Lisboa: Edições 70, 1992.

_____. Über Gewissheit. In: *Werkausgabe*. Frankfurt: Suhrkamp, 1984. v. 8. p. 113-257.

_____. *Da Certeza*. Trad. António Fidalgo. Lisboa: Edições 70, 2000.

_____. Zettel. In: *Werkausgabe*. Frankfurt: Suhrkamp, 1984. v. 8. p. 445-573.

_____. Vermischte Bemerkungen. In: *Werkausgabe*. Frankfurt: Suhrkamp, 1984. v. 8. p. 259-443.

_____. *Vortrag über Ethik und andere kleine Schriften*. Frankfurt: Suhrkamp, 1999.

_____. *The Big Typescript*. Oxford: Basil Blackwell, 2005.

____. *Wittgenstein, Lectures & Conversations, on Aesthetics, Psychology and Religious Belief.* Berkeley: University of California Press, 1967.

____. Das Blaue Buch. In: *Werkausgabe.* Frankfurt: Suhrkamp, 1984. v. 5.

____. Bemerkungen über Frazers Golden Bough. In: *Vortrag über Ethik und andere kleine Schriften.* Frankfurt: Suhrkamp, 1999.

Bibliografia secundária

ANZ, W. Die Stellung der Sprache bei Heidegger. In: *Heidegger, Perspektiven zur Deutung seines Werkes.* Colônia/Berlim: Beltz Athenäum Verlag, 1960.

APEL, K.-O. Wittgenstein und Heidegger: Die Frage nach dem Sinn von Sein und der Sinnlosigkeitsverdacht gegen alle Metaphysik. In: *Transformation der Philosophie I: Sprachanalytik, Semiotik, Hermeneutik.* Frankfurt am Main: Suhrkamp, 1973, p. 225-275.

____. *Transformation der Philosophie I: Sprachanalytik, Semiotik, Hermeneutik.* Frankfurt am Main: Suhrkamp, 1973.

____. *Transformação da Filosofia I.* São Paulo: Loyola, 2000.

AQUINO, T. A Problemática do Espaço: Um Problema Kantiano no *Tractatus.* Revista Philósophos. Goiânia: UFG, 2015. v. 20. p. 37-64.

____. A Decadência da Existência: Notas Sobre a Mobilidade da Vida. Trans/form/ação. n. 2, Marília, v. 38, 2015, p. 35-52.

ARISTÓTELES. De Interpretatione. In: BARNES, J. (Ed.). *The Complete Works of Aristotle.* Nova Jersey: Princeton University Press, 1995. v. 1.

BAKER, G. P.; HACKER, P. M. S. *Wittgenstein: Rules, Grammar and Necessity. Volume 2 of an analytical commentary on the Philosophical Investigations.* Oxford: Blackwell, 1992.

____. *Wittgenstein: Understanding and Meaning. Volume 1 of a analytical commentary on the Philosophical Investigations.* Oxford: Blackwell, 2005.

BAKER, L. R. On the very Idea of a Form of Life. In: *Inquiry* 27, 1984. p. 277-289.

BAY, Tatiana Aguilar-Álvarez. *El Lenguaje en el Primer Heidegger.* México: Fondo de Cultura Económica, 1998.

BEAINI, T. C. *A Escuta do Silêncio: um estudo sobre a linguagem no pensamento de Heidegger.* São Paulo: Cortez, 1981.

BOUVERESSE, J. Linguagem ordinária e filosofia. In: VÁRIOS. *Filosofia da Linguagem.* Coimbra: Almedina, 1973. p. 71-138.

CAPUTO, John. Being, Ground and Play. In: *Man and World* 3(1). Filadélfia: Villanova University, 1970. p. 26-48.

CARNAP, R. Die Überwindung der Metaphysik durch logische Analyse der Sprache. In: Scheinprobleme in der Philosophie und andere metaphysikkritische Schriften. Hamburg: Meiner, 2004. p. 81-110.

CASANOVA, Marcos. Linguagem cotidiana e competência existencial. In: *Natureza Humana*. São Paulo: Educ, 2006. v. 8, n. 1, p. 35-85.

COURTINE, J. F. As investigações Lógicas de Martin Heidegger, da Teoria do Juízo à Verdade do Ser. In: *Revista Discurso*. São Paulo: Edusp, 1996.

CUTER, J. V. *A Teoria da Figuração e a Teoria dos Tipos: o Tractatus no contexto do projeto logicista*. Tese (Doutorado em Filosofia), FFCLH, Universidade de São Paulo, 1993.

DALL'AGNOL, Darlei. Natural ou transcendental: sobre o conceito de *Lebensform* e suas implicações ética. In: *Revista de Filosofia Aurora*, Curitiba: PUCPR, 2009. v. 21, n. 29, p. 277-295.

DENKER, A.; ZABOROWSKI, H. (Org.). Heidegger und die Logik. Amsterdam: Atlanta Rodopi, 2007.

DUARTE, A.; Heidegger e a linguagem: do acolhimento do ser ao acolhimento do outro. In: *Natureza Humana*. São Paulo: Educ, 2005. v. 7, n. 1, p. 129-158.

DUBSKY, Richard. *A Comparison of Heidegger and Wittgenstein's Departure from Tradicional Formulations of World, Language and Truth*. Pittsburgh: Dusquene University, 1988.

EDWARD, James C. *The Authority of Language, Heidegger, Wittgenstein and the Threat of philosophical Nihilism*. Tampa: University Press of Florida, 1990.

ESPINOSA, B. *Ética*. Tradução e notas Tomaz Tadeu. Belo Horizonte: Autêntica Editora, 2007.

FAY, T. A. Heidegger and Wittgenstein on the question of ordinary language. In: *Philosophy Today 23*, 1979. p. 161-171.

____. Heidegger and Wittgenstein: the Inaccessible Unavoidable. In: *Philosophy Today* 31, 1987, p. 253-261.

____. The Ontological Difference in Early Heidegger und Wittgenstein. In: *Kant-Studien* 82, 1991. p. 319-328,

FERBER, R. "Lebensform" oder "Lebensformen"? Zwei Addenda zur Kontroverse zwischen N. Garver und R. Haller. In: Puhl, Klaus (Ed): Wittgenstein Philosophie der Mathematik. *Akten des 15. Internationalen*

Wittgenstein Symposiums, Wien: Hölder – Pichler – Tempsky, 1992, p. 270-76.

FURUTA, Hirokiyo. *Wittgenstein und Heidegger. "Sinn" und "Logik" in der Tradition der analytischen Philosophie*. Würzburg: Königshausen und Neumann, 1996.

GADAMER, H.-G. *Wahrheit und Methode. Hermeneutik I, Gesammelte Werke*. Tübingen: Mohr Siebeck, 1999. v. 1.

GÁLVEZ, J. P.; GAFFAL, M. *Forms of Life and Language Games*. Heusenstamm: Ontos Verlag, 2011.

GIANNOTTI, José A. *Apresentação do Mundo – Considerações sobre o Pensamento de Ludwig Wittgenstein*. São Paulo: Companhia das Letras, 1995.

GOFF, R. Wittgenstein´s tools and Heidegger implements. In: *Man and World*, 1968. v. 1, n. 3, p. 447-462.

GRUENDER, D. Wittgenstein on explanation and description. In: *Journal of Philosophy*. Columbia University: Nova York, v. 59, n. 19, 1969, p. 523-530.

GUIGNON, C. Philosophy after Wittgenstein and Heidegger. In: *Phenomenological Research*, 1990, v. 50, n. 4, p. 649-672.

HAAR, M. The enigma of Everydayness. In: *O que nos faz pensar?*, out. 1996, n. 10, v. 2. p. 71-82.

HABERMAS, J. *Der philosophische Diskurs der Moderne*. Frankfurt: Suhrkamp, 1985.

_____. *O Discurso Filosófico da Modernidade*. Trad.: Luiz Sérgio Repa e Rodnei Nascimento. São Paulo: Martins Fontes, 2000.

HACKER, P. M. S. Language, Language-games and Forms of Life. In: GÁLVEZ, J. P.; GAFFAL, M. *Forms of Life and Language Games*. Heusenstamm: Ontos Verlag, 2011. p. 17-36.

HADOT, Pierre. *O que é a Filosofia Antiga?* São Paulo: Loyola, 1999.

HALLER, Rudolf. *Wittgenstein e a Filosofia Austríaca:* Questões. São Paulo: Edusp, 1990.

HARRIES, K. Wittgenstein and Heidegger: The Relationship of the Philosopher to Language. In: *Journal of Value Inquiry* 2, 1968, S. 281-291.

HEBECHE, Luiz. Heidegger e os indícios formais. In: *Veritas*. Porto Alegre: Edipucrs, v. 46, n. 184, 2001. p. 571-592.

HINTIKKA, Jaakko; HINTIKKA, Merrill. *Uma Investigação sobre Wittgenstein*. Trad. Enid Abreu Dobránszky. Campinas: Papirus, 1994.

HORGBY, I. The Double Awareness in Heidegger and Wittgenstein. In: DURFEE, Harold A. *Analytic Philosophy and Phenomenology*. Haia: Martinus Nijhoff, 1976. p. 96-124.

HUIZINGA, Johan. *Homo Ludens, o jogo como elemento da cultura*. São Paulo: Perspectiva, 1971.

LAFONT, C. *Lenguaje y apertura del mundo, giro Linguístico de la Hermenéutica de Heidegger*. Madri: Alianza Editorial, 1997.

KANT, Immanuel. *Kritik der reinen Vernunft*, Felix Meiner verlag, Hamburg, 1998.

____. *Crítica da Razão Pura*. Trad: Manuela Pinto dos Santos e Alexandre Fradique Morujão. Lisboa: Edição da Fundação Calouste Gulbenkian, 1997.

LASK, E. *Die Logik der Philosophie/ die Lehre vom Urteil*. Jena: Dietrich Scheglmann Reprintverlag, 2003.

LEVINAS, Emmanuel. *Ética e Infinito*. Lisboa: Edições 70, 1988.

LOPARIC, Z. O fim da Metafísica em Carnap e Heidegger. In: DE BONI (Org.). *Festschrift em homenagem a Ernildo Stein*. Petrópolis: Vozes, 1996. p. 782-803.

____. Sobre a Ética em Heidegger e Wittgenstein. In: *Natureza Humana 2*. São Paulo: Educ, jun. 2000. n. 1. p. 129-144.

____. *Sobre a Responsabilidade*. Porto Alegre: Edipucrs, 2003.

____. "Ética Originária e Práxis Racionalizada". In: *Sobre a Responsabilidade*. Porto Alegre: Edipucrs, 2003. p. 61-136.

____. *Ética e Finitude*. São Paulo: Escuta, 2004.

____. A linguagem objetificante de Kant e a linguagem não objetificante de Heidegger. In: *Natureza humana*. São Paulo: Educ, 2004. v. 6. n. 1. p. 9-27.

LÜTTERFELDS, W; ROSER, A. (Orgs.). *Der Konflikt der Lebensformen in Wittgensteins Philosophie der Sprache*. Frankfurt: Suhrkamp, 1999.

MANDEL, R. Heidegger and Wittgenstein. A Second Kantian Revolution. In: Murray. *Heidegger on Modern Philosophy*. New Haven: Yale University Press, 1978, p. 259-270.

McGUINNESS, Brian. *Der Löwe spricht... und wir können ihn nicht verstehen*. Frankfurt am Main: Editora Suhrkamp, 1991.

MOORE, G. E. *Em defesa do Senso Comum*. São Paulo: Abril Cultural, 1979.

MORENO, A. R. Descrição fenomenológica e descrição gramatical – ideias para uma pragmática filosófica. In: *Revista Olhar*. São Carlos: UFSCar, ano 4, n. 7, 2003, p. 93-139.

MULHALL, Stephen. *On Being in the World: Wittgenstein and Heidegger on Seeing Aspects*. London: Editora Routledge, 1990.

_____. *Inheritance & Originality, Wittgenstein, Heidegger, Kierkegaard*. Oxford: Editora Oxford University Press, 2001.

MURRAY, M. (Ed.). *Heidegger and Modern Philosophy*. New Haven: Yale University Press, 1978.

_____. A Note on Wittgenstein and Heidegger. In: *Philosophical Review* 83, 1974, S. 201-503.

_____. Wittgenstein and Heidegger: orientations to the ordinary. In: *European journal of Philosophy* 22, 1994. p. 143-164.

NUNES, Benedito. *Passagem para o Poético, Filosofia e Poesia em Heidegger*. São Paulo: Ática, 1992.

_____. Heidegger e a Poesia. In: *Natureza Humana*. São Paulo: Educ, 2000. v. 2, n. 1, p. 103-127.

PLATÃO. Theaetetus. In: *Complete Works*. Indianápolis/Cambridge: Hackett Publishing Company, 1997.

PINTO, Paulo Roberto Margutti. *Iniciação ao Silêncio*. São Paulo: Loyola, 1998.

REIS, Róbson Ramos dos. Modalidade existencial e indicação formal: elementos para um conceito existencial de moral. In: *Natureza Humana*. São Paulo: Educ, 2000. v. 2, n. 2, p. 273-300.

_____. A dissolução da ideia da lógica. In: *Natureza Humana*. São Paulo: Educ, dez. 2003. v. 5, n. 2. p. 423-440.

_____. Ilusão e indicação filosófica nos conceitos filosóficos. In: *Integração*, São Paulo: Universidade São Judas Tadeu, 2004. v. 37. p. 171-179.

RORTY, R. Wittgenstein, Heidegger, and the Reification of language. In: *The Cambridge Companion to Heidegger*. Cambridge: Cambridge University Press, 1993, p. 337-357.

SANTOS, Luiz H. L. dos. "A Essência da Proposição e a Essência do Mundo", ensaio introdutório à tradução do *Tractatus Logico-Philosophicus*. São Paulo: Edusp, 1994.

SCHAPER, Eva. Symposium on Saying and Showing in Heidegger an Wittgenstein. In: *Journal of the British Society for Phenomenology* 3.1, 1972, S. 36-41.

SCHILLER, F. A *Educação Estética do Homem*. São Paulo: Editora Iluminuras, 1989.

SCHULTE, J. Die Hinnahme von Sprachspiele und Lebensformen. In: WILHELM, Lütterfelds; ANDREAS, Roser. *Der Konflikt der Lebensformen in Wittgensteinsphilosophie der Sprache*. Frankfurt am Main: Suhrkamp, 1999, p. 156-170.

SENA, S. M. M. Jogue a escada fora. Fenomenologia como terapêutica. In: *Natureza Humana*. São Paulo: Educ, 2012. v. 14, n. 2, p. 37-73.

STERN, D. Heidegger and Wittgenstein on the Subject of Kantian Philosophy. In: KLEMM, David E.; ZÖLLER, Günter (Hg.). *Figuring the Self: Subject, Absolute, and Others in Classical German Philosophy*. Albany: Suny Press, 1997.

SUÁREZ, L. *Sentido y Ser en Heidegger, una aproximación al problema del lenguaje*. Zaragoza: Prensas Universitarias de Zaragoza, 2004.

TAYLOR, C. Lichtung ou Lebensform: paralelos entre Heidegger e Wittgenstein. In: *Argumentos Filosóficos*. São Paulo: Loyola, 1995. p. 73-91.

VÁZQUEZ, J. T. Angústia e desamparo numa perspectiva heideggeriana. In: *Perspectiva Filosófica*. Recife: UFPE, 1999. v. 6, n. 1, p. 145-160.

Se você não encontrar qualquer um de nossos livros em sua livraria preferida ou em nossos distribuidores/revendedores, faça o pedido ao nosso Departamento Comercial.

Edições Loyola

rua 1822 n° 341
04216-000 são paulo sp
T 55 11 3385 8500
F 55 11 2063 4275
vendas@loyola.com.br
www.loyola.com.br

DISTRIBUIDORES

• BAHIA

LDM – Livraria e Distribuidora Multicampi Ltda.
Rua Machado de Assis, 16, Cj. C – Brotas
Tel. 71 2101-8000 | **Telefax** 71 2101-8009
40285-280 – Salvador, BA
ldm@livrariamulticampi.com.br

• CURITIBA

A Página Distribuidora de Livros
Rodovia BR 116, 14056 – Fanny
Tel. 41 3213-5600
81690-200 – Curitiba, PR

• MINAS GERAIS

Asteca – Distribuidora de Livros Ltda.
Rua Costa Monteiro, 50 e 54 – Sagrada Família
Tel. 31 3423-7979 | **Fax** 31 3424-7667
31030-180 – Belo Horizonte, MG
distribuidora@astecabooks.com.br

Livraria João Paulo II
Rua São Paulo, 627 – Centro
Tel. 33 3272-9899
35010-180 – Governador Valadares, MG
livrariajoaopauloii@hotmail.com

Mãe da Igreja Ltda.
Rua Tamoios, 507 – Centro
Tels. 31 3337-9077 / 31 3224-0250
30120-050 – Belo Horizonte, MG
maedaigreja@globo.com

Livraria Jardim Cultural
Av. Dr. Cristiano Guimarães, 2127 B – Planalto
Tel. 31 3427-0226
31720-300 – Belo Horizonte, MG
livrariajardimcultural@yahoo.com.br

• PIAUÍ

Livraria Nova Aliança
Rua Olavo Bilac, 1259 – Centro
Telefax 86 3221-6793
64001-280 – Teresina, PI
livrarianovaalianca@hotmail.com

• RIO GRANDE DO SUL

Livraria e Editora Padre Reus
Rua Duque de Caxias, 805 – Centro
Tel. 51 3224-0250 | **Fax** 51 3228-1880
90010-282 – Porto Alegre, RS
livrariareus@livrariareus.com.br
loja@livrariareus.com.br

• SÃO PAULO

Distribuidora Loyola de Livros Ltda.
Vendas no Atacado
Rua Lopes Coutinho, 74 – Belenzinho
Tel. 11 3322-0100 | **Fax** 11 3322-0101
03054-010 – São Paulo, SP
vendasatacado@distribuidoraloyola.com.br

Livrarias Paulinas
Rodovia Raposo Tavares, km 19, 145
Tels. 11 3789-1425 / 3789-1423 | **Fax** 11 3789-3401
05577-300 – São Paulo, SP
expedicao@paulinas.com.br

REVENDEDORES

• AMAPÁ

Livrarias Paulinas
Rua São José, 1790 – Centro
Tel. 96 3131-1219
68900-110 – Macapá, AP
livmacapa@paulinas.com.br

• AMAZONAS

Editora Vozes Ltda.
Rua Costa Azevedo, 105 – Centro
Tel. 92 3232-5777 | **Fax** 92 3233-0154
69010-230 – Manaus, AM
vozes.61@vozes.com.br

Livrarias Paulinas
Av. 7 de Setembro, 665 – Centro
Tel. 92 3633-4251 / 3233-5130
Fax 92 3633-4017
69005-141 – Manaus, AM
livmanaus@paulinas.com.br

• BAHIA

Editora Vozes Ltda.
Rua Carlos Gomes, 698 A
Conjunto Bela Center – loja 2
Tel. 71 3329-5466 | **Fax** 71 3329-4749
40060-410 – Salvador, BA
vozes.20@vozes.com.br

Livrarias Paulinas
Av. 7 de Setembro, 680 – São Pedro
Tel. 71 3329-2477 / 3329-3668
Fax 71 3329-2546
40060-001 – Salvador, BA
livsalvador@paulinas.com.br

• BRASÍLIA

Editora Vozes Ltda.
SCLR/Norte – Q. 704 / Bl. A, 15
Tel. 61 3326-2436 | **Fax** 61 3326-2282
70730-516 – Brasília, DF
vozes.09@vozes.com.br

Livrarias Paulinas
SCS – Q. 05 / Bl. C – lojas 18/22 – Centro
Tel. 61 3225-9595 | **Fax** 61 3225-9219
70300-500 – Brasília, DF
livbrasilia@paulinas.com.br

• CEARÁ
Editora Vozes Ltda.
Rua Major Facundo, 730
Tel. 85 3231-9321 | **Fax** 85 3231-4238
60025-100 – Fortaleza, CE
vozes.23@vozes.com.br

Livrarias Paulinas
Rua Major Facundo, 332 – Centro
Tel. 85 3226-7544 / 3226-7398
Fax 85 3226-9930
60025-100 – Fortaleza, CE
livfortaleza@paulinas.com.br

Av. Antônio Sales, 2919 – Dionísio Torres
Tel. 85 3224-4229
60135-203 – Fortaleza, CE
livfortsales@paulinas.com.br

• ESPÍRITO SANTO
Livrarias Paulinas
Rua Barão de Itapemirim, 216 – Centro
Tel. 27 3223-1318 / 0800-15-712
Fax 27 3222-3532
29010-060 – Vitória, ES
livvitoria@paulinas.com.br

• GOIÁS
Editora Vozes Ltda.
Rua Três, 291
Tel. 62 3225-3077 | **Fax** 62 3225-3994
74023-010 – Goiânia, GO
vozes.27@vozes.com.br

Livrarias Paulinas
Av. Goiás, 636 – Centro
Tel. 62 3224-2585 / 3224-2329
Fax 62 3224-2247
74010-010 – Goiânia, GO
livgoiania@paulinas.com.br

• MARANHÃO
Editora Vozes Ltda.
Rua da Palma, 502 – Centro
Tel. 98 3221-0715 | **Fax** 98 3222-9013
65010-440 – São Luís, MA
livrariavozes@terra.com.br

Livrarias Paulinas
Rua de Santana, 499 – Centro
Tel. 98 3232-3068 / 3232-3072
Fax 98 3232-2692
65015-440 – São Luís, MA
livsaoluis@paulinas.com.br

• MATO GROSSO
Editora Vozes Ltda.
Rua Antônio Maria Coelho, 197 A
Tel. 65 3623-5307 | **Fax** 65 3623-5186
78005-970 – Cuiabá, MT
vozes.54@vozes.com.br

• MINAS GERAIS
Editora Vozes Ltda.
Rua Sergipe, 120 – loja 1
Tel. 31 3048-2100 | **Fax** 31 3048-2121
30130-170 – Belo Horizonte, MG
vozes.04@vozes.com.br

Rua Tupis, 114
Tel. 31 3273-2538 | **Fax** 31 3222-4482
30190-060 – Belo Horizonte, MG
vozes.32@vozes.com.br

Rua Espírito Santo, 963
Tel. 32 3215-9050 | **Fax** 32 3215-8061
36010-041 – Juiz de Fora, MG
vozes.35@vozes.com.br

Livrarias Paulinas
Av. Afonso Pena, 2142 – B. Funcionários
Tel. 31 3269-3700 | **Fax** 31 3269-3730
30130-007 – Belo Horizonte, MG
livbelohorizonte@paulinas.com.br

Rua Curitiba, 870 – Centro
Tel. 31 3224-2832 | **Fax** 31 3224-2208
30170-120 – Belo Horizonte, MG
livbh@paulinas.com.br

• PARÁ
Livrarias Paulinas
Rua Santo Antônio, 278 – Campina
Tel. 91 3241-3607 / 3241-4845
Fax 91 3224-3482
66010-090 – Belém, PA
livbelem@paulinas.com.br

Fox Vídeo
Travessa Dr. Moraes, 584 – Nazaré
Tel. 91 4008-0002
66035-125 – Belém, PA
deborah@foxvideo.com.br

• PARANÁ
Editora Vozes Ltda.
Rua Pamphilo D'Assumpção, 554 – Rebouças
Tel. 41 3333-9812
80220-040 – Curitiba, PR
vozes.21@vozes.com.br

Rua Emiliano Perneta, 332 – loja A
Telefax 41 3233-1392
80010-050 – Curitiba, PR
vozes.64@vozes.com.br

Livrarias Paulinas
Rua Voluntários da Pátria, 225 – Centro
Tel. 41 3224-8550 | **Fax** 41 3223-1450
80020-000 – Curitiba, PR
livcuritiba@paulinas.com.br

Av. Getúlio Vargas, 276 – Centro
Tel. 44 3226-3536 | **Fax** 44 3226-4250
87013-130 – Maringá, PR
livmaringa@paulinas.com.br

• PERNAMBUCO, PARAÍBA, ALAGOAS,
RIO GRANDE DO NORTE E SERGIPE
Editora Vozes Ltda.
Rua do Príncipe, 482 – Boa Vista
Tel. 81 3423-4100 | **Fax** 81 3423-7575
50050-410 – Recife, PE
vozes.10@vozes.com.br

Livrarias Paulinas
Rua Duque de Caxias, 597 – Centro
Tel. 83 3241-5591
58010-821 – João Pessoa, PB
livjpessoa@paulinas.com.br

Rua Joaquim Távora, 71 – Centro
Tel. 82 3221-6859
57020-320 – Maceió, AL
livmaceio@paulinas.com.br

Rua João Pessoa, 220 – Centro
Tel. 84 3212-2184
59025-200 – Natal, RN
livnatal@paulinas.com.br

Rua Frei Caneca, 59 – loja 1 – Santo Antônio
Tel. 81 3224-5812 / 3224-6609
Fax 81 3224-9028 / 3224-6321
50010-120 – Recife, PE
livrecife@paulinas.com.br

• PIAUÍ
Livrarias Paulinas
Rua Rui Barbosa, 173 – Centro
Tel. 86 3221-3155
64000-090 – Teresina, PI
livteresina@paulinas.com.br

• RIO DE JANEIRO

Editora Vozes Ltda.
Rua 7 de Setembro, 132 – Centro
Tel. 21 2215-0110 | **Fax** 21 2508-7644
20050-002 – Rio de Janeiro, RJ
vozes.42@vozes.com.br

Rua Frei Luis, 100 – Centro
Tel. 24 2233-9000 | **Fax** 24 2231-4676
25689-900 – Petrópolis, RJ
vendas@vozes.com.br

Livrarias Paulinas
Rua 7 de Setembro, 81-A – Centro
Tel. 21 2232-5486 | **Fax** 21 2224-1889
20050-005 – Rio de Janeiro, RJ
livrjaneiro@paulinas.com.br

Rua Dagmar da Fonseca, 45 A/B –
loja A/B – Madureira
Tel. 21 3355-5189 / 3355-5931
Fax 21 3355-5929
21351-040 – Rio de Janeiro, RJ
livmadureira@paulinas.com.br

Rua Aureliano Leal, 46 – Centro
Tel. 21 2622-1219 | **Fax** 21 2622-9940
24020-320 – Niterói, RJ
livniteroi@paulinas.com.br

Carga Nobre Livros Ltda.
Rua Marquês de São Vicente, 225 – Gávea
Tel. 21 2259-0195
22451-041 – Rio de Janeiro, RJ
cnlivros@terra.com.br

Livraria Paz e Bem Ltda. ME
Av. Rio Branco, 156 – sala 509 – Centro
Tel. 21 9987-0139
20040-006 – Rio de Janeiro, RJ
livrariapazebem@globo.com

• RIO GRANDE DO SUL

Editora Vozes Ltda.
Rua Riachuelo, 1280
Tel. 51 3226-3911 | **Fax** 51 3226-3710
90010-273 – Porto Alegre, RS
vozes.05@vozes.com.br

Livrarias Paulinas
Rua dos Andradas, 1212 – Centro
Tel. 51 3221-0422 | **Fax** 51 3224-4354
90020-008 – Porto Alegre, RS
livpalegre@paulinas.com.br

• RONDÔNIA

Livrarias Paulinas
Rua Dom Pedro II, 864 – Centro
Tel. 69 3224-4522 | **Fax** 69 3224-1361
78900-010 – Porto Velho, RO
livportovelho@paulinas.com.br

• SANTA CATARINA

Editora Vozes
Rua Jerônimo Coelho, 308 – Centro
Telefax 48 3222-4112
88010-030 – Florianópolis, SC
vozes.45@vozes.com.br

Livrarias Paulinas
Rua Engenheiro Niemeyer, 70 – Centro
Tel. 47 3027-2509
89201-130 – Joinville, SC
livjoinville@paulinas.com.br

• SÃO PAULO

Distribuidora Loyola de Livros Ltda.
Vendas no Varejo
Rua Senador Feijó, 120
Telefax 11 3242-0449
01006-000 – São Paulo, SP
senador@livrarialoyola.com.br

Rua Barão de Itapetininga, 246
Tel. 11 3255-0662 | **Fax** 11 3231-2340
01042-001 – São Paulo, SP
loyola_barao@terra.com.br

Rua Quintino Bocaiuva, 234 – Centro
Tel. 11 3105-7198 | **Fax** 11 3242-4326
01004-010 – São Paulo, SP
atendimento@livrarialoyola.com.br

Editora Vozes Ltda.
Rua Senador Feijó, 168
Tel. 11 3105-7144 | **Fax** 11 3105-7948
01006-000 – São Paulo, SP
vozes.03@vozes.com.br

Rua Haddock Lobo, 360
Tel. 11 3256-0611 | **Fax** 11 3258-2841
01414-000 – São Paulo, SP
vozes.16@vozes.com.br

Rua dos Trilhos, 627 – Mooca
Tel. 11 2693-7944 | **Fax** 11 2693-7355
03168-010 – São Paulo, SP
vozes.37@vozes.com.br

Rua Barão de Jaguara, 1097
Tel. 19 3231-1323 | **Fax** 19 3234-9316
13015-002 – Campinas, SP
vozes.40@vozes.com.br

Livrarias Paulinas
Rua Domingos de Morais, 660 – Vila Mariana
Tel. 11 5081-9330 | **Fax** 11 5081-9366
04010-100 – São Paulo, SP
livdomingos@paulinas.com.br

Rua XV de Novembro, 71 – Centro
Tel. 11 3106-4418 / 3106-0602
Fax 11 3106-3535
01013-001 – São Paulo, SP
liv15@paulinas.com.br

Av. Marechal Tito, 981 – São Miguel Paulista
Tel. 11 2297-5756
08010-090 – São Paulo, SP
livsmiguel@paulinas.com.br

Rua Luiz Gama, 87 – Centro
Tel. 11 4970-2740
07010-050 – Guarulhos, SP
livguarulhos@paulinas.com.br

BOOKPartners
Rua Vitor Angelo Fortunato, 439 – Jandira
Tel. 11 4772-0023
06612-800 – Jandira, SP
atendimento@bookpartners.com.br

• PORTUGAL

Multinova União Liv. Cult.
Av. Santa Joana Princesa, 12 E
Tel. 00xx351 21 842-1820 / 848-3436
1700-357 – Lisboa, Portugal

Distribuidora de Livros Vamos Ler Ltda.
Rua 4 de Infantaria, 18-18 A
Tel. 00xx351 21 388-8371 / 60-6996
1350-006 – Lisboa, Portugal

Editora Vozes
Av. 5 de Outubro, 23
Tel. 00xx351 21 355-1127
Fax 00xx351 21 355-1128
1050-047 – Lisboa, Portugal
vozes@mail.telepac.pt

Uma editora sempre **conectada com você**!

Quer saber mais sobre as novidades e os lançamentos, participar de promoções exclusivas, mandar sugestões e ficar por dentro de tudo o que acontece em Edições Loyola? É fácil! Basta fazer parte das nossas redes sociais e visitar nosso *site*:

- facebook.com/edicoesloyola
- twitter.com/edicoesloyola
- youtube.com/edicoesloyola
- issuu.com/edicoesloyola
- www.loyola.com.br

Receba também nossa *newsletter* semanal! Cadastre-se em nosso *site* ou envie um *e-mail* para: marketing@loyola.com.br

FSC
www.fsc.org
MISTO
Papel produzido
a partir de
fontes responsáveis
FSC® C008008

Edições Loyola

editoração impressão acabamento
rua 1822 n° 341
04216-000 são paulo sp
T 55 11 3385 8500/8501 • 2063 4275
www.loyola.com.br